JN040420

「重賞」✕二頭流

単勝二頭流で大荒れ重賞を完全攻略!

石橋 武 /著

競馬道On Line編集部/編

主婦の友社

はじめに

　ここに1枚の的中証明書がある。2019年5月26日、日本ダービーのものだ。勝ったのは単勝オッズ93.1倍、12番人気のロジャーバローズ。3連単の配当は19万9,060円。レース前日に配信した予想なので、私と同じように高額払い戻しを受けた方もたくさんいらっしゃるだろう。

　実際、レース終了後から予想の配信元スポーツマスターにはお問い合わせの連絡がひっきりなしに届いたそうだ。

　曰く、なぜこんな人気薄を買えたのか、なぜ3連単を36点に絞れたのか……

　答えは「単勝二頭流」だからである。

「単勝二頭流」とは筆者が推奨している馬券術で、2013年に拙著『単勝二頭流』を通じて発表。馬券術の詳細は第1章に譲るが、「単勝二頭流」というワードを大手競馬サイトや雑誌、書籍などで目にされた方もいらっしゃるのではないかと思う。

　本書はその「単勝二頭流」をベースにJRA全129重賞の攻略法を著したものだ。

JRAの重賞は実にバラエティーに富んでいて、同じ芝2000m
でも東京と中山とでは求められる適性がまったく違う。拙著『単
勝二頭流』では穴馬の見つけ方を完全マニュアル化（本書第1章
に収録）し、誰にでも使える馬券術として構築したが、重賞ごと
の細かい機微を伝えるのはさすがに不可能だった。

　また2018年に発表した『なぜか穴馬券も当たり続ける 私の単
勝2点買い！』ではJRAのコースごとの特徴を掬い上げて、この
コースではどのような馬を買うべきか、どういう馬が穴馬とな
るのかなどを解説したが、同じコースと言えども未勝利とGIと
では求められる適性も狙い方も変わってくる。そのジレンマを
解決すべく執筆したのが本書『「重賞」二頭流』というわけだ。

　本書は「この重賞はこの馬を買いなさい」とマニュアルを押し
付けるものではなく、穴馬の傾向、穴馬の見つけ方をお伝えす
るもの。いつも違うメンバー、違う枠順で行われるのが競馬と
いう競技である。本書ではその刻々と変化する状況にいつでも
対応できるように穴馬の本質、重賞的中のメカニズムをお伝え
することを徹底したつもりだ。本書をお読みいただければ、ご
自身の予想によって高額配当の払い戻しを受けられるようにな
るものと確信する。

　そして、冒頭のダービーの的中など大したことではない。自
分のほうがすごいのを当てた。そう皆様に言っていただける日
を心待ちにしている。

目次

第1章

単勝二頭流とは

～本差の穴馬で攻め、脇差の人気馬で守りを固める～

※本章は2013年に発表された『単勝二頭流』を再編集したものとなります。新たに「単勝二頭流」を知った方向けの内容となりますので、すでにお読みいただいている方は飛ばしても構いません。

競馬ファンの不思議な美学

　競馬ファンには不思議な美学を持っている人が多い。

「単勝は1点買い」

　たしかに勝つ馬は1頭しかいない。どれが勝つかを当てるのが単勝なのだから、1点買いになるのは当然という理屈には、一瞬だけ、うなずきそうになる。実際、競馬場やウインズに捨てられているハズレ馬券を見ても、単勝を2点も3点も勝っている人は少ない。また、競馬評論家が◎をふたつ打ったら、ファンからバカにされるだろう。単勝多点買いは、なぜか競馬道においては邪道とされているのだ。

　しかしよくよく考えてみると、馬連や馬単、3連単にしても、的中フォーカスは1点しかないのである。「単勝は1点買い」という美学を突き通すなら、馬連や馬単や3連単も1点で買うべきではないだろうか。評論家も◎○▲の3つしか印を打つべきではない。

　単勝が1点買いになってしまうのには、物理的な側面もある。たとえば単勝1〜2倍台の馬の単勝を買うのなら、どうやっても2点以上は買いづらい。儲からなくなるからだ。たとえば1〜3番人気の単勝3点買いが愚かな行為であるのは、誰にでもわかるだろう。しかし、なぜか3連単になると、1〜3番人気を1着に固定したフォーメーションを買う人は珍しくない。ヒモが荒れれば儲かるということなのだろうが、やっているのは人気の単勝3点買いに似た行為だ。このあたりも冷静に考えるとおかしい。

　単勝は1点に限る。この美学は幻想にすぎない。

　単勝は多点買いしてもオーケーなのだ。

　私は邪道と言われているからこそ、単勝二頭流の構えを取ることにした。人気サイドの単勝と、人気薄の単勝を1頭ずつ買う。これで人気サイドが入ったときの保険が効くし、人気薄が入ったときはキッチリと儲かる。

　剣道の二刀流にたとえるなら、

竹　刀（攻撃）＝ 人気薄の単勝

小太刀（防御）＝ 人気サイドの単勝

ということになる。

　目標は、人気薄の単勝で一本を狙いにいくことだ。ただし一本を取ることばかりに気を取られると「儲けるけど当たらない」という弱点を突かれて負けてしまう。

　それを補うのが人気薄の単勝。こちらを押さえているので、「当たらない」という弱点を堅く防御することができる。単勝二頭流なら、「当たるけど儲からない」「儲かるけど当たらない」という矛盾を解消できるのである。

　そもそも、勝つ馬を1頭だけに絞るのは難しい。どんなに強い馬でも、展開が向かなければ負けることはある。

　しかし、人気薄のなかから勝つチャンスが高い馬を見つけ出し、人気馬のなかから勝つ確率が最も高い馬を1頭見つけるのは、そう難しいことではない。

単勝二頭流とは

　先ほど、「人気薄のなかから勝つチャンスが高い馬を見つけ出し、人気馬のなかから勝つ確率が最も高い馬を1頭見つけるのは、そう

難しいことではない」と書いた。その理由をもう少し詳しく説明しよう。

　ここから先は、人気薄の定義を単勝10倍以上、人気サイドの定義を単勝10倍未満とする。

　基本的に人気薄は能力が低いか、なんらかの影響で能力を発揮できずに最近の成績が悪い馬である。普通に戦っていては近走で好走している優等生の人気馬には勝てない。勝つための追い風が必要となる。

　その追い風が、どの馬に強く吹いているかを計算すれば、人気薄グループのなかから、自ずと勝算の高い馬が浮かび上がってくる。

　この追い風がなにかを私は徹底的に研究した。その結果、大きく分けて5つのファクターが浮かび上がってきた。

　ひとつは、「コース実績」。JRAの10競馬場はすべてレイアウトが違う。過去に同競馬場の似た距離のコースで好成績をあげている馬は、一変する可能性があると考えることができる。しかもこの手の馬は前走で違う競馬場の違うコースを走っていることが多く、人気の盲点にもなりやすい。

　ふたつめは、「過去の人気」。人気はその馬の能力を映す鏡である。近走に同じクラスで上位人気になったことがある馬は、往々にしてそのクラスで戦える潜在能力を持っているもの。なにかのきっかけがあれば、一変の期待を抱くことができる。

　3つめは、「昇級2〜3戦目」。競馬はクラスによってペースが異なる。昇級初戦は速いペースに翻弄されて大敗するが、ペースに慣れた2〜3走目で巻き返してくるケースは数多い。この手の馬は前

走の敗戦で人気を落としている例が多いので、同じく人気の盲点にもなりやすい。

4つめは、「休養明け」。基本的に休養明けの馬は、息がもたない例が多い。しかしひと叩きふた叩きすることにより、調子が急上昇することがありえる。これはオーソドックスな穴狙いの方法なので、理解しやすいだろう。

そして、5つめが「展開」。どんなに強い馬でも展開が向かなければ負けるように、弱い馬でも展開を味方につければ勝機をつかめる。特にダントツの人気馬がいるレースほど、その馬を負かそうとする馬が出てくるので、展開が紛れやすい。そして人気馬が負けると高配当が飛び出す。基本は人気馬と逆の脚質を持った馬を狙っていく。

単勝10倍以上の馬のなかから、この5つのポイントをチェックし、チェック項目がもっとも多かった馬が、勝つチャンスの高い人気薄となる。

逆に、人気サイドの馬は能力を持っている馬だ。近走で好結果を残しており、今回も好走する可能性が高いと思われた馬が票を集める。いわば「能力予想」の帰結が、上位人気に反映すると考えていい。

つまり、人気サイドのなかから勝つ馬を選ぶときは、単純に能力の比較をすればいい。能力とはなにか？　これも研究の結果、3つの項目に集約できることがわかった。

ひとつは、「同競馬場での圧勝歴」があること。人気薄の項でも書いたが、JRAの競馬場はすべてレイアウトが違う。東京競馬場では圧倒的なパフォーマンスを発揮するが、中山ではさっぱりという馬

はたくさんいる。そのレースを勝つ能力があるかどうかを考えるとき、同競馬場での圧勝歴は重要なファクターとなる。

ふたつめは、「アタマ取りができるか」。人気馬のなかには、2着、3着を繰り返しているような相手なりに走るタイプというのがいる。この手の馬は、人気を背負ってもアタマまで突き抜けることは少ない。私の単勝二頭流は単勝を買う馬券術。過去の実績を見て、勝ち切るレースが多い（3着よりも2着が、2着よりも1着が多い）馬を重視する。

そして3つめが、「前走での圧勝」だ。「勝って同条件（以前はそのクラスを勝っても本賞金がその条件以下であれば、昇級せずに再度同クラスのレースに出走できた。現在は、勝つたびに昇級する）」が2006年に廃止されて以降、下のクラスから連勝して準オープンやオープンに上がる馬が増えた。しかし昇級初戦の人気馬は、ペースに慣れていないので惨敗することも多い。そこを調べるために「前走時に圧勝しているかどうか」をチェックする。

私の馬券の買い方をまとめると、以下のようになる。ここが「単勝二頭流」のキモなので、よく読んで理解してほしい。

【穴馬を選ぶ方法】

穴馬とは単勝10倍以上の馬。

1. 出走馬のなかから以下の穴馬の条件に該当した馬に、その項目のマークを付ける

2. これらから確認する条件は、穴馬として優先度の高い順番である

3. 出走馬のなかで、優先度の高いマークがある馬、マークの多い馬

が推奨される

穴馬選択① 同コース実績

　同じ競馬場の近距離（※）で、同クラス以上のレースで3着いない（人気よりも着順が上）の経験が2回以上あること。

※近距離……芝のレースは前後400m、ダートは前後200m、長距離戦（芝2500m以上）は、同競馬場の2200m以上を近距離とする。

穴馬選択② 潜在能力

古馬が出走できるレース

　前5走以内に同クラス以上のレースで3番人気以内、または下のクラスで1番人気になったことが2回以上ある。

2歳・3歳限定戦

　前5走以内に同クラスのレースで3番人気以内、または下のクラスで1番人気になったことが2回以上ある。

穴馬選択③ 昇級

　昇級後2～3走目の馬が対象。

昇級2戦目の場合

　2走前に下のクラスで1着になり、前走で同クラス以上を5着以内。

昇級3戦目の場合

　3走前に下のクラスで1着になり、前走、前々走のどちらかで同

クラス以上を５着以内。

穴馬選択④　変わり身
休養明け２走目の馬
　２走前と前走の間隔が10週間（70日間）以上あいている。

　休養前に、同クラス以上で３着以内の実績（ＧⅠのみ５着以内）がある。

　前走は、同クラス以上で２番人気以内。

休養明け３走目の場合
　３走前と２走前の間隔が（70日間）以上あいている。

　休養前に、同クラス以上で３着以内の実績（ＧⅠのみ５着以内）がある。

　２走前と前走の両方が、同クラス以上のレース。

　２走前または前走のどちらかが、２番人気以内。

穴馬選択⑤　展開
　単勝2.0倍以下の１番人気馬がいるレースが対象。

　１番人気が「逃げ・先行」の場合、「差し・追い込み」かつ６～８枠の馬をチェック。

　１番人気が「差し・追い込み」の場合、「逃げ・先行」かつ１～５枠の馬をチェック。

※脚質……「逃げ・先行」は前２走に３角の位置取りが５番手以内がある馬。「差し・追い込み」は前２走に３角の位置取りが６番手以

下の馬。今回が芝なら芝、ダートならダートが対象。前2走は2年以内のレースとし、地方、海外、障害戦の場合は除く。

【人気馬を選ぶ方法】

人気馬とは単勝10倍未満の馬。

1. 出走馬のなかから以下の人気の条件に該当した馬に、その項目のマークを付ける
2. これから確認する条件は、人気馬として優先度の高い順番である
3. 出走馬のなかで、優先度の高いマークがある馬、マークの多い馬が推奨される

人気馬選択❶　圧勝歴

同クラス以上の同じ競馬場のレースで、圧勝歴（芝は0.2秒以上、ダートは0.4秒以上）がある。

人気馬選択❷　勝ち切れるか

総合成績を参照し、3着よりも2着が多く、2着よりも1着が多い馬。さらに1〜3着回数の和が、4着以下の和以上になる馬（複勝率50％以上）が該当。

※地方、海外、障害戦の成績は除く。

人気馬選択❸　前走圧勝

前走1着馬が対象。

前走で2着につけた着差が、芝なら0.2秒以上、ダートは0.4秒以上

単勝10倍以上の馬は【穴馬を選ぶ方法】のチェック項目にしたがい、チェックが最も多くついた馬を買う。

　単勝10倍未満の馬は【人気馬を選ぶ方法】のチェック項目にしたがい、チェックが最もついた馬を買う。

これで単勝二頭流の買い目は決定する。

　これだけではなんとも物足りなく感じるかもしれない。しかし破壊力は抜群。人気薄の単勝がズバズバ取れるし、たとえ人気薄が方なくても保険の本命馬が利益を出してくれる。
　また単勝は馬券の予想の基本。勝つ確率の高い馬がわかるのだから、3連単への対応も可能となる。要するに、上記の法則にのっとった穴馬と人気馬の馬券を買えば、強力な攻撃力と、鉄壁な守備力を手にすることができるのである。

第2章

単勝二頭流で
JRA全重賞を斬る！

本書では各重賞の攻略法の補足、実践例として実際に配信した予想の見解をいくつか掲載した。
使用したのは2015年1月1日から2020年4月末日までの配信予想。
また、2020年秋から京都競馬場が大規模改修工事に入るが、改修後も本書を使っていただけ
るように、京都で行われている重賞はそのまま京都のものとして掲載した。
重賞の掲載順は編集者の判断により日本ダービーからとし、最後が葵Sとした。

日本ダービー

東京・芝2400m

皐月賞からの巻き返しか、別路線組か！

オークスと同コースで行われるクラシック第2弾となるが、牡馬路線は牝馬路線とは違って、第一弾の皐月賞はダービーとは違う適性が求められる。つまり皐月賞で負けていてもダービーでは巻き返すことができるということでもあり、また皐月賞をパスして別路線からダービーを狙ってくる馬も多い。オークスよりも穴馬の本命候補の選択肢は広がると言っていいだろう。

穴馬の本命候補の前にまずはダービーの特徴を知っておくと、オークスがスローからの瞬発力勝負だったのに対し、ダービーは道中やや締まった流れからの瞬発力勝負。距離経験のある馬が少なく、ハイペースの消耗戦にまではならないが、青葉賞や牝馬限定のオークスのようなスローにはならないというイメージは大切。

当然ながら人気馬の本命候補は瞬発力のあるタイプ。前走が皐月賞の馬の場合は4〜7着程度に負けていてもラスト3ハロンがメンバー中3位以内程度の速い上がりを使っていればOK。ただ、これを言い換えれば皐月賞を好走していても瞬発力を使えていなかった馬はダービーの好走は難しいとことでもある。

穴馬の本命候補として手っ取り早いのは先述の皐月賞4〜7着でも速い上がりを使っていた馬の巻き返しを狙うパターンだが、これが

人気に推されているケースも多い。そこでもうひとつのオススメは別路線組。なかでも前走京都新聞杯組は京都芝2200mのレースらしくロングスパートが要求され、これがダービーの締まった流れからの瞬発力勝負という特性にマッチする。穴としての狙い目はこれだ。一方、ダービーと同舞台で行われる青葉賞はいかにもトライアルらしく道中のペースが緩いために、流れが速くなるダービーではあまりあてにならないので注意が必要。

なお、ダービー時期の東京芝コースは天候に恵まれやすいこともあって、高速馬場になりがち。近年のダービーで内枠有利は有名な話だが、今後は先行して速いラップを刻める持続力タイプが台頭する可能性も頭の片隅に置いておきたい。穴としても狙えるタイプだ。

◎ロジャーバローズ（19年12番人気1着）
前走の京都新聞杯を逃げて2着。レッドジェニアルにはクビ差かわされたが、普通の馬ならラスト1ハロン手前でずるずると下がって終わりという競馬内容だった。ただ、この馬が違ったのはそこから驚異的な粘りを見せており、能力は相当高いとみた。瞬発力勝負になると分が悪いが、先行策から早め抜け出しで好走が期待できる。

◎ワグネリアン（18年5人気1着）
皐月賞は雨の影響でかなりパワフルな馬場となっており、速い上がりが身上の同馬にとってはツラい条件となってしまった。結果ゴール前の不利もあって7着に敗れたが、今回は速い時計の出る東京芝コース。デビュー戦の32.6秒を筆頭に、前走以外のレースではメンバー中最速か2位の上がりで好勝負してきたタイプだけに、パワフルな中山から高速の東京へのコース替わりは大きなプラス材料だ。

GⅡ
目黒記念
東京・芝2500m

チョイ負け馬狙い！

オークス、ダービーから距離が100m延びるだけだが、こちらはスタミナを要する持続力勝負になりがち。おそらく直線の坂下からスタートし、スタート後とゴール前に２度の坂越えがあるというのがその要因だろう。穴馬の本命候補を選ぶうえで重賞なのは……下記の見解がすべて。こちらをもって解説とさせていただく。

◎ハッピーモーメント（17年13番人気3着）

ダービーの2400mから半ハロン、たった100m距離が延びるだけだが、ダービーが（特に有力馬は）瞬発力を重視すべきなのに対して、2500mで重視すべきはスタミナ。切れなくていい、エンジンのかかりは遅くていい。そういう馬が好走するのがこのレースだ。狙いは他場で切れ負けしている馬や、ゴール過ぎに伸びてきているような馬。そこで狙いは◎ハッピーモーメント。前走もそうだが、先行しつつ直線で追い出すと速い脚が使えずにあっさり抜かれている。この前も含めチョイ負けというレースが多いのが、この手のタイプの特徴だ。一方、同馬が好走しているのは京都芝2000mや福島芝2000mといった、流れが緩まない小回りの持続力を要求されるレース。要は上がりのかかるレースだ。前走をひと叩きされた上積みも大きく、ハンデも54キロ。勝ちみの遅さをカバーできる条件が揃い、大駆けが期待できる。

GⅢ
鳴尾記念
阪神・芝2000ｍ

高レベルの一戦。狙いも高レベル馬！

ＧⅠ宝塚記念の前哨戦ということもあって、かなり内容の濃いＧⅢ戦。内回りコースを使用するため、前半はスローになっても、後半は一気にペースアップ。開幕週に行われるということも手伝って、時計的にも高レベルでかなり速い決着となる。

だからなのか、前走でＧⅠを使っていた馬の巻き返しが目立ち、距離カテゴリーがまったく違う前走が天皇賞（春）という馬でも15～19年のあいだに２勝を挙げており、そのほかのＧⅠ出走馬も軒並み善戦。今後は前走がＧⅠ大阪杯組の出走が増えてくると予想され、同コースの重賞だけに当然好走率も上がってくるだろう。このタイプ、前走格上出走馬が人気馬の本命候補となる。

穴馬の本命候補は1600ｍ重賞の好走実績馬。おそらく速い時計への対応力が必要とされるからだろうが、マイル重賞や1800ｍ重賞で好走した実績のある馬が走ってくる傾向にある。なにも近走の好走でなくとも構わない。３歳時に、あるいは昨年同時期になど、過去にマイル近辺の重賞を好走した馬はチェックしておきたい。

まとめると、レベルの高いレースだけに、能力の高い馬＝前走格上挑戦馬、速い馬＝マイル実績馬。このようなタイプが狙い目となる。

前哨戦切れ負け馬の巻き返し！

東京芝1600mのGIのなかでは、もっとも道中の流れが厳しくなるレース。しかも高速馬場での施行となるため、時計に限界のある馬には厳しいレースとなっている。

ひと昔までは堅いGIとして有名だったが、近年は波乱傾向。ただ、その波乱傾向もそろそろ落ち着いてくるのではないかと推測している。近年の波乱傾向のひとつの要因が、日本のマイルカテゴリーの弱体化。サンデーサイレンス～ディープインパクトが日本の主流の血統となり、能力の高い馬が中距離路線に集結。その一方でマイル路線は手薄になり、マイル適性馬以外の能力の高い馬がこのレースを制することになったというのが波乱を招いていた。ただ近年はディープインパクト産駒自身、またサンデーサイレンス後継種牡馬、ディープインパクト後継種牡馬の短距離化がすすみ、この路線も以前と比べれば粒が揃ってきた。今後はマイルを主戦場とする馬が、マイルのGIを制する機会も増えていくだろう。

という私見は置いておき、安田記念攻略のためにまず考えるべきは、このレースが高速馬場で行われるということ。

安田記念は道中から厳しい流れとなり、ヴィクトリアマイルやNHKマイルCと比べると持続力が要求される割合が高くなる。そ

ういうレースが前が止まりづらい高速馬場で行われるということ
は、つまりはスロー→瞬発力勝負を得意とする馬には向かないとい
うことでもあり、速いスピードを持続できるタイプに向くレースだ
ということ。先行してしぶといアエロリットが２年連続で好走し、
またラスト32.4秒という究極の上がりを繰り出したアーモンドア
イが３着に負けたことをイメージするとわかりやすいかもしれない。
今後も持続力に長けたタイプがコンスタントに好走してくると想定
され、これが人気馬の本命候補のタイプ。

一方の穴馬の本命候補は前哨戦で切れ負けしたタイプ。東京新聞杯、
京王杯SCを筆頭にマイル路線のステップレースは道中がスローで
流れ、終いの瞬発力勝負となることが多い。そこで好走した馬が安
田記念でも人気になりがちな一方、前哨戦で切れ負けした馬は人気
を落とす。ただ、そういうスローの切れ負けタイプにはハイペース
になってこその馬も多く、流れが厳しい本番のGⅠで巻き返してく
るという構図だ。最近で言えばモズアスコット（18年。安土城Ｓ２
着→安田記念９人気１着）、サトノアラジン（17年。京王杯SC９
着→安田記念７人気１着）なんかがそのパターン。このようにハイ
ペースになることで息を吹き返す馬が穴馬の本命候補となる。

△アーモンドアイ（19年1番人気3着）

桜花賞前から化け物級と評価してきた馬だが、負けるとしたらここ。今回
も近走同様に出遅れると後方からの競馬になるが、いくら△アーモンドア
イとはいえ、今の東京の芝は後方から差せる馬場ではない。単勝１倍台の
オッズも加味して、リスクが高すぎる。もちろんスムースなスタートから
中団より前につければ勝ち負けになるだけの、いや圧勝するだけの能力の
持ち主だが、今回は同馬にとってはかなり不向きなコース、そして馬場。
過信は禁物だ。

GⅢ
マーメイドS
阪神・芝2000m

大穴狙いの一戦。前走条件戦組を評価！

とにかく荒れるハンデ重賞。荒れる理由は、馬場が荒れる梅雨時期、
牝馬限定のハンデ重賞、まぎれやすい内回りコースなど色々考えら
れるが、最大の原因は出走馬のレベルの低さにあるとみる。
GⅠ開催が一段落し、重賞レベルの馬は休養に入る馬も多い。そん
な時期の牝馬限定ハンデ重賞に出走してくるのは、条件レベルの馬
も多い。レースレベルも低く、前半からスローは既定ラインにせよ、
レースの後半になってもスローのまま。結局、ラストの直線勝負と
なって上がりに特化した人気薄が走ってくる。それだけに近5年の
勝ち馬は3、6、7、8、10番人気。穴狙いで攻めたい。
穴馬の本命候補に狙いたいのは、前走条件戦で速い上がりを使って
いた馬。なかでもヴィクトリアマイル当日に行われているパールS
の上がり上位馬が好相性で、速い上がりさえ使っていれば負けてい
てもOKだ。パールSも牝馬限定戦で、スロー→瞬発力勝負になる
レース。マーメイドSで求められる適性と同じというのがこのレー
スにも通じるのだろう。
人気馬の本命候補を置くなら、重賞実績のある先行馬だが、それす
ら軽ハンデの差し馬に喰われる可能性があるので要注意。

GⅢ
エプソムC
東京・芝1800m

穴馬と人気馬の距離実績に注意！

開催も終盤に近づき、また関東地方は梅雨入りの時期。15〜19年の近5年中2年は雨のなかでの施行となった。馬場が荒れているのも関係しているのだろうが、スローになりがちな中距離重賞のなかでは上がりがかかりがち。もちろんメンバー次第では、19年のようにどうしようもない超スローペースになることもあるのだが、瞬発力勝負よりは持続力勝負になりやすいと認識しておいたほうが穴馬の本命候補は拾いやすくなる。

その穴馬の本命候補は1800〜2000m重賞を逃げ・先行で好走して実績のある馬。出走メンバーのレベル次第ではOP特別でも足りるかもしれない。なかでも外回りコースや瞬発力が活きるコースで好走している逃げ・先行馬は適性の向かないレースでも好走できる能力の持ち主でもあり、上がりのかかるこのレースで巻き返してくる。このタイプは近走で負けていてもお構いなし。7〜8番人気くらいまでなら狙って面白い。

人気馬の本命候補は1600〜1800m重賞で好位、中団前めから好走した実績のある馬だと、安心材料が増える。上がりがかかるレースだけに短距離的な持続力が必要となってくるのがその理由だ。

函館スプリントS

函館・芝1200ｍ

軽量逃げ・先行か最後方一気の両極端狙い！

函館芝1200mはスタート直後から４コーナーに入るあたりまで、高低差４ｍ弱の上り坂となっており、さらに３～４コーナーはスパイラルカーブを採用している。ローカルの短距離戦というイメージと違って前半が消耗する流れになることが多く、特に開催の後半は差しが効きやすくなるコース形態だ。

ただ、函館スプリントＳが行われるのは函館開幕週。洋芝とはいえ、パンパンの高速馬場でレースが行われることが多く、逃げ馬の存在には注意が必要。なかでも古馬との混合戦がばかりのこの時期は３歳馬の斤量が軽く、また古馬との能力比較がつきづらいこともあって、３歳重賞戦線で逃げては負けという戦歴の馬でも軽量を味方に好走できる。16年に２番手から押し切った斤量50キロのソルヴェイグが好例。この年は２着も先行した３歳馬シュウジだった。

反対に逃げ・先行馬の頭数が多い、また強力な逃げ馬がいるケースでは穴馬の本命は追い込み馬が穴馬の本命候補。先述の通り、本質的には差し・追い込み向きのコース形態だけに、思い切って最後方待機レベルの追い込み馬本命にすべき。中途半端なレベルの差し馬では高速ラップを追走、失速パターンも多く、あって２、３着まで。

GⅢ
ユニコーンS
東京・ダ1600m

大前提は上がり順位。プラスの要素で絞り込む

３歳のダート重賞の数が限られるだけに、ダートの世代トップレベルが集まってくる。そのレベルの高さゆえに人気薄の好走が多いわけではなく、15～19年の５年間で６番人気以下の馬が馬券に絡んだのは３頭のみだ。基本的には１～５番人気馬を中心に目を配るべきレースと言える。

その上位人気馬のなかから本命候補となるのは、東京ダ1600m好走実績、OP特別・重賞好走実績、前走上がり３位以内の条件を満たしている馬。そのなかから展開の向き・不向き、能力差を判断していく。判断が難しい場合は東京ダ1600mの実績重視。

一方、穴馬の本命候補は、上記３条件に該当しつつも人気がない馬（近走1800mで着順を落としている馬など）が都合よくいればそれ。いなければ上がり順位重視＆重賞好走実績軽視でもいい。またこの時期は脚抜きの良い馬場になりやすいので、芝で先行かつ３位以内の上がりをマークした実績があれば狙ってみる価値はある。

「単勝二頭流」は単勝を獲ってこそだが、それにこだわりがなければ３連複フォーメーション：１・２・３人気＋１・２・３人気＋４・５・６・７人気（計12点）でわりと簡単に獲れるレースでもある。

GI
宝塚記念

阪神・芝2200m

ポイントは上がりのかかる競馬での上位の脚！

宝塚記念は阪神芝内回りコースを使用。いわゆる秋の王道路線、天皇賞（秋）、ジャパンCとは求められる資質がまったく変わってくる。秋天、JCは軽い馬場に長い直線で瞬発力の有無が勝負を分けるが、阪神芝2200mはじっと我慢して直線で末脚を爆発させる競馬にはならない。内回りを意識して早めに動いていき、さらにその脚をいかに長く持続させるかのレースとなる。

というわけで、人気馬、穴馬の候補ともに、この持続力に注目。近3走以内に上がりのかかる競馬、具体的には上がり最速タイムが34秒以上かかっていた良馬場のレースで、上がり3位以内をマークしていた馬がオススメ。

最速の馬でも上がりが34秒以上かかるレースというのはラスト3ハロンではなく4ハロンのロングスパートが要求されるレースか、道中が緩まないハイペースの消耗戦になるレースで、上がり35秒台がデフォルトの宝塚記念と同様の資質が求められていることになる。中山芝2500mの有馬記念とリンクしやすいのもこれが理由。東京や京都外回りで中団より後ろから差して届かずという競馬をしているタイプによくいるので人気の盲点にもなりやすい。ただ、東京芝2500mはスタミナ勝負の消耗戦になりやすく、特に目黒記念

の好走馬はローテーション的にも、レースの特性的にも買い材料（アルゼンチン共和国杯はスローの上がり勝負になりやすいので、タフな消耗戦になったのか、それとも瞬発力勝負だったのか、レースの質を見極めたい）。

また同じ阪神内回りコースで行われる大阪杯がGⅠに昇格したことで、今後は大阪杯組の出走が増えてくるだろう。コースレイアウト自体は大阪杯からゴールが200m後ろに下がっただけだが、そのぶんコーナーまでの距離が長くなり＝直線部分が長くなり、宝塚記念のほうが序盤のペースが上がりやすい。大阪杯で先行して好走してきた馬も一度疑ってかかるくらいの意識でいたい。同様に大阪杯は2000mということもあって適性がマイル寄りの馬の好走も可能だが、宝塚記念はその手のマイラータイプはまずもたない。コースが似ているからといって大阪杯好走馬がすべからく宝塚記念で通用するとは限らないので要注意。言い換えれば大阪杯で4〜8着に負けていた馬でも、前半スローで差し届かず、ゴール前で切れ負けといった負け方なら宝塚記念での巻き返しは十分に可能。上記の近走の上がりタイム該当馬とともに検討していきたい。

まとめると、人気馬、穴馬の本命ともに能力が抜けているか（能力の抜けている馬の出走は少ないが、仮にいれば瞬発力勝負に長けていても能力だけで走られる可能性あり）、それほど能力が抜けていないのであれば、持続力勝負、上がりのかかるレースで好走しているかがポイント。合わせて逃げ馬不利、8枠有利というフィルターで絞り込んでいく。ただ荒れやすいレースの性質から、そこまで人気馬に重きを置く必要はない。穴馬を2〜3頭選択し、そこから人気馬へぶつける戦略もありだろう。

GⅢ
CBC賞
中京・芝1200m

良と重で狙い方に変化を！

スタートから100mほど緩やかに上るものの、そこから直線の急坂までは下りが続く。このコース形態もあって序盤からハイペースになりやすく、本命候補は差し馬からチョイスしたい。ただし良馬場の場合には道中のペースが速いために、中団から後ろを追走する馬も追い上げに脚を使わされる。結果、前にいる逃げ・先行馬が残りやすくなるので、アタマは差し・追い込み馬を据えて２、３着には逃げ・先行馬も押さえておきたい。重馬場の場合は速い上がりよりも持続力が優先、かといって逃げ・先行馬に優しいレースではなく、中団からの脚を伸ばせる差し馬同士の決着が基本型となる。これに逃げ馬、追い込み馬を絡めていく。重馬場の場合の穴馬の本命候補は近走でコンスタントに３位以内の上がりは使えていないものの、５着前後に善戦している馬。

良馬場の場合の本命候補は、とにかく速い上がり優先。良馬場なら33秒台前半から、レースによっては32秒台の上がりまで要求される。短距離で同様の高速上がりが要求される京都の戦績がかなり参考になる。なかでも内回りの1200mよりも外回りの1400mで速い上がりを使って好走している馬は要チェックだ。

GⅢ
ラジオNIKKEI賞
福島・芝1800m

クラシック路線との適性の差を意識！

ローカルの1800m重賞ということで、小回りを意識した早め仕掛けからの持続力勝負となる。ここまでのクラシック路線で求められていた道中スローからの上がり勝負とはまるで逆の適性が求められるため、東京や京都で負けていた馬が巻き返しやすいレースでもある。ただ近年は同一馬主（グループ）によるレースの使い分けが顕著となってきており、能力のある馬でもクラシックに間に合わない、クラシックでは足りないと判断されれば、このレースに回ってくることも多い。人気馬の本命候補はこのタイプで、なかでも京都新聞杯、プリンシパルSの上位馬は長く脚を使う競馬を経験しているので狙い目。

一方の穴馬の本命候補はこのレース向きの適性がある馬、つまりクラシック路線で負けていた馬。きんもくせい特別など福島実績のある馬や、中山芝1800m、2000mでハイペースを上がり34〜35秒台差して好走実績のある馬が狙い目だ。GⅠとなったことで厳しい持続力勝負となるホープフルSで4〜8着に惜敗した馬、あるいは福島や中山でハイペースの1勝クラス、オープンをマクって好走した馬がいれば、決め撃ちでもいい。

GⅢ
プロキオンS
中京・ダ1400m

クラシック路線との適性の差を意識！

中京ダートコースは3〜4コーナーのカーブが急で、距離ロスなく
回ってくるためには大幅に減速する必要がある。そのため先行馬に
とっては勝負どころを前に息が入りやすく、反対に差し馬にとって
は前との差を詰めたいところで減速することになる。このコース
形態のおかげで、中京ダートはかなりの先行有利。中京ダ1400m
も芝スタート、向正面をフルに使うレイアウトだけに序盤からハイ
ペースになりやすいが、それでも前が残る。大雑把に書くと「逃げ・
先行馬＋逃げ・先行・差し馬＋追い込み馬」といった感じの馬券の
組み立て。

当然ながら人気馬、穴馬の本命候補ともに逃げ・先行馬を中心視
すべきで、中京ダ1400mに実績のある馬、近走で阪神ダ1200m、
1400mを先行、速い上がりをマークして好走してきた馬の安定感
は抜群。

一方の穴馬の本命候補は、東京ダ1400m、1600mで先行し勝ち馬
から0.5差以内程度に負けている馬。上記2コースはダートのわり
に瞬発力勝負になりやすく、持続力タイプには不向きなコース。そ
こでの惜敗なら巻き返せる。またヒモも含め差し馬を買う場合は、
前走で3位以内の上がり、5着以内に好走というタイプがオススメ。

GⅢ
七夕賞
福島・芝 2000 m

ハイペースをマクれる馬をチェック！

基本的には前週に行われるラジオNIKKEI賞と同じ流れだが、七夕賞のほうが序盤からハイペースになりやすい。そのため後方待機のふた桁人気馬もしばしば馬券に絡み、ハンデ重賞らしく高配当が期待できるレースとなっている。それゆえに人気馬の信頼度は低く、近５年で１番人気馬が馬券に絡んだのは17年のゼーヴィント（１着）のみ。ゼーヴィント以外の４頭は前走で東京か新潟で好走しており、瞬発力勝負とは真逆の適性が求められる七夕賞の性質がよく表れている。ちなみにゼーヴィントの前走はロングスパートが求められる中山芝2200mのAJCCだった。

本命候補として狙うのは、当然ながら瞬発力タイプより持続力タイプ。福島実績のある差し馬、中山のハイペースを差して好走した実績のある馬が狙い目で、ラジオNIKKEI賞同様に３〜４コーナーでマクれる、自ら動けるタイプならなお良し。

ふた桁着順の馬が馬券に絡むのは超ハイペースになるケース。上記本命候補の条件に該当するような追い込み馬がいれば、ハマればラッキー程度の感覚で馬券に入れておくのはあり。ただしあくまでイレギュラーな超ハイペースだけに、深追いは禁物だ。

GⅢ
函館記念
函館・芝2000m

前走巴賞組の出し入れに妙味

近年は函館芝コースの高速化もあって圧倒的に先行有利。序盤から
スピードが出やすく道中もそれなりに流れるが、スピードが殺され
ない馬場で後続が前との差を詰めづらくなっている。結果、近5年
中2年で逃げ馬が勝利し、残る3年も4コーナー5番手以内の馬が
勝利。人気馬、穴馬の本命ともに逃げ・先行馬から狙うべきレース
だ。相手馬も先行馬中心でOK。

人気馬の本命候補は内枠の先行馬。ただし、前走で3位以内の上が
りを使っていない馬は割り引きが必要。穴馬の本命後方も内枠の先
行馬となるが、速いラップに慣れている距離延長組が狙い目。なか
でも前走で巴賞を負けた馬は、休み明けかスローで力を出しきれな
かったケースが多く、叩き2走目、ハイペースで巻き返してくる可
能性がある。

◎ケイティープライド（16年13人気2着）
前哨戦の巴賞で6着。これがいい。〜中略〜 巴賞は後方からの馬が先行馬
を一気にかわし去る競馬だったが、函館記念は先行有利。同馬は巴賞を先
行しただけなく、前が塞がる不利もあっただけに斤量も軽くなる今回は巻
き返しが期待できる。

GⅢ
函館2歳S
函館・芝1200ｍ

開催前半の逃げ馬軽視＆差し馬重視！

函館２歳Ｓの狙い方はシンプルで、開催前半の新馬戦あるいは未勝利戦をメンバー中２位以内の上がりで好位差し、中団からの差しで勝った馬を中心視すること。

６月にスタートする函館開催は、開催６週目となる最終週に函館２歳Ｓが行われる。開幕当初はツルツルの高速＆先行有利の馬場で、スピードに任せて逃げた馬がそのまま残ってしまうケースが多い。また、２歳戦だけに仕上がりの早いタイプがスピードを活かして逃げ切るというレースもある。

ただ、それが６週目となると、差しに有利とまではいかないまでも少なくとも脚質による有利・不利のないフラットな馬場となる。この馬場になった時点でスピードだけで押してきた逃げ馬のアドバンテージがなくなると言っていい。また仕上がり早のタイプは新馬で仕上げてきているだけに、２戦目の上積みは大きくない。

一方、新馬戦、未勝利戦を逃げずに速い上がりで勝ってきた馬、つまり開催前半の先行有利の馬場を差して勝ってきた馬はマイナス状況を覆しての勝利だけに、この"差し"の価値は高い。ましてや、開催後半で内有利というバイアスがなくなれば、"差し"という武器が非常に有効になる。

また、２歳馬にとっては前に馬を置いて折り合いをつけて走るということすら大きな課題で、逃げずに勝った馬はすでにそれを経験済み。クリアできているということでもある。このアドバンテージは非常に大きい。

要は、

開催前半＝逃げ・先行有利の馬場＝その馬場で勝った先行差し、中団差しの馬は強い

↓

開催後半＝フラットか差し有利の馬場＝先行差し、中団差しで勝った馬にはさらに有利な条件となる。反対に逃げ勝ちの馬は不利に。

という逆転現象が起きるということ。これは小倉２歳Ｓもまったく同じ図式なので覚えておくと便利だ。

人気馬の本命候補は新馬戦を差して勝ち、真ん中より外の枠に入った馬。

穴馬の本命は新馬で負けても未勝利を勝っていればＯＫ。どちらかで差す競馬ができていれば十分に狙いは立つ。この時期は新馬勝ちではないというだけで不当に人気を落とすことがあるので、その人気に惑わされないこと。

また、函館２歳Ｓには地方競馬からも参戦してくるが、地方馬のキャリアの多さはアドバンテージでもある。芝適性を見る意味でも函館２歳Ｓの前にラベンダー賞などを使ってくることがほとんどなので、そこで差す競馬ができて馬券圏内に走れれば買いだ。また本命馬の相手には差して好走している馬、メンバー中１、２位の上がりを使ったことがある馬、開催後半に逃げて勝った馬までピックアップしておけば十分だ。

GⅢ
中京記念
中京・芝1600m

エンジンのかかりの遅さが奏功する！

中京芝1600mはスロー→瞬発力勝負が定番のマイル重賞とは一線を画す。それはコース設定のタフさゆえで、中京芝1600mは1、2コーナーの間に設けられた引き込み線からスタート。そのまま2コーナーに侵入することになるので、ポジション争いが激しくなる。また向正面半ばから直線の急坂を迎えるまで緩やかな下りが続き、ペースが緩まない。序盤からハイペースになりやすい要素が揃っており、前傾ラップになることがほとんどなのだ。結果、逃げ馬には相当厳しいレースが強いられ、近5年はおろかこの条件で行われるようになった12年以降、3コーナーか4コーナーを1番手で通過した逃げ馬の3着以内好走はゼロ。反対に4コーナーをふた桁番手で通過した馬が5回も勝っている。

当然狙いは後方に構える馬で、それも東京や阪神、京都で好走する瞬発力タイプでは中京の直線のタフさゆえに途中で脚が上がる。他場では切れ負けするぐらいエンジンのかかりの遅い馬が大活躍するコースだ。中山以外の中央3場のマイル戦で後方から差してはいるものの届かず4〜8着に負けてしまっている馬、近走ふた桁着順続きでも上がりだけは使っている馬が穴馬の本命候補となる。

クイーンS

札幌・芝1800m

マーメイドS負け組の巻き返しをチェック！

札幌芝コースはローカルながらコーナーの角度が大きく、ゆったりとカーブする形態。直線部分は短いとはいえ、コーナーで大きく減速する必要がないので、道中も速めのペースで流れる……のだが、このレースは牝馬限定戦だけあって、道中は平均かやや遅めペースで流れ、ラストの切れが求められる。かといってスロー気味で流れているだけに短い直線で一気に交わすというのも無理な話で、馬券的には先行馬2頭＋後方からの追い込み1頭、もしくは先行馬1頭＋後方からの追い込み2頭という決着がデフォルト。

この先行馬が人気馬の本命候補となり、札幌実績があり近走で牝馬限定重賞を好走していればだいたい馬券になる。

一方の穴馬の本命候補は差し・追い込み馬が中心となるが、わかりやすいのは前走マーメイドSで差し届かず、あるいは切れ負けした馬の巻き返しを狙うパターン。マーメイドSの重い馬場や、急坂で脚が止まってしまったタイプが、平坦、開幕週のパンパン馬場で巻き返してくるパターンだ。こちらも洋芝の札幌実績があることが望ましい。なお、斤量の軽い3歳馬は狙いたくなってしまうが、春に一線級の活躍をした馬以外は基本的にはスルーで良い。

GⅢ
アイビスSD
新潟・芝1000m

ダート短距離の先行好走実績馬！

新潟芝1000mはJRA施行レースのなかでもっとも短い距離で行われるコースのひとつだが、見方を変えればJRA施行レースのなかでもっとも最後の直線が長いコースとも言える。

直線が長く、かつ50数秒で勝負が決まるレースだけあって、各馬ともスタートからトップギアに入れて、特にラスト600〜200mの区間はサラブレッドの限界とも言える速度で走ることになる。要するに新潟芝1000mの競馬は、そのトップスピードをどこまで維持できるかの勝負になるわけで、実はこれはダート短距離戦で求められる資質と同じ。

これがこのコースでしばしばダート短距離実績馬が穴をあけている理由だ。

ダート戦は芝と違い瞬発力が発揮しづらい。ゆえに特に短距離ではハナから飛ばして、どこまで粘れるかという競馬になりやすいのだが、これが新潟芝1000mで求められる資質と同じなのだ。

ということで、ダート短距離戦を先行して好走した実績のある馬が穴馬の本命候補。ただし、あくまで先行して好走というのがポイントで、差して好走しかしていない馬はテンのスピードが足らずに後方のまま終わるので注意。先行して好走した実績があればそれがど

のクラスのものであっても、またいつの実績であっても構わない。加えて、7枠、8枠に入っていれば文句なし。

新潟芝1000mにおいて、馬場のいい外ラチ沿いを走れる外枠が有利というのはもはや常識だが、先行馬にとってはこのメリットをフルに活用するのがポイント。ただ、スタートが速くなく中団からレースを進める馬にとっては、内から各馬が押し寄せて包まれやすいため、むしろマイナスに作用することが多いのは頭に入れておきたい。絶好の大外枠を引いて人気になる馬がいても、前に行けないと判断したら印は下げるべき。適性はあっても前に出られずに終わるというストレスの溜まる競馬になりがちだ。

ダート短距離の好走実績馬がいない場合は、同コース実績がある馬、持続力が要求される中山芝1200m、阪神、中京の芝1400mで先行し、好走実績のある馬、さらにマル外馬も持続力に長けた馬が多い。アイビスSDに限らず、新潟芝1000mは近走でふた桁着順に負けていてもコース替わりで大激走を見せる馬が多いので、たとえ最低人気でも適性のある馬は押さえておきたい。

人気馬の本命も上記条件をもとにチョイスすればOKだが、かなり特殊な適性を求められるだけに、近走凡走していたリピーターが突如巻き返してくるのも見逃さずにおきたいところだ、

◎オールポッシブル（19年9番人気3着）
同コースはダート短距離と同じような適性が求められるため（テンから飛ばして粘り込むという持続力が要求される）、同馬のダート実績はプラス材料。しかも芝向きの馬での実績だけにかなり高く評価する。さらに持続力距離の1400mでの実績もあり、このレースへの適性は高いとみる。外の2頭のスピードからすればラクにラチ沿いを走れるのもいい。人気馬が内に入ったここは大きなチャンスだ。

GⅢ
小倉記念
小倉・芝2000m

他場の切れ負けタイプが巻き返す！

小倉記念は下記の見解がすべて。これをもって解説とする。

◎クランモンタナ（16年11番人気1着）

小倉芝コースはスタンド前の直線こそ平坦だが、1コーナーから2コーナーにかけては上り。そのあと向正面は下り。さらにスピードを落とさずにコーナーを回ってこられるスパイラルカーブを採用。これはつまり、芝2000mの場合は後半のペースが速くなり、そのスピードを維持したまま直線、ゴールになだれ込むという競馬になりやすいということ。だからこそ過去の勝ち馬も見ても、他場では切れ負けしてしまうような馬（エンジンのかかりが遅いタイプもこれに属する）がこのコースで巻き返している。そこで狙いは◎クランモンタナ。先行しては切れ負けし、後方からレースを進めればエンジンがかからないというズブズブの馬だが、昨年は8番人気ながらメンバー中最速の上がりで4着に善戦。この4着にしてもほぼ最後方からという位置取りが災いしたもので、このコースなら切れ負けすることはないと証明してみせた。その後は相変わらずのズブさをみせているが、切れを要求されない中山芝2000mや福島芝2000mでは善戦しており、能力の衰えはない。斤量は去年と同じ54キロ。さらに少頭数でさばきやすいここなら勝ち負けまで期待できる。

レパードS

新潟・ダ1800m

人気・穴馬の両本命とも逃げ・先行馬！

新潟コースは楕円形をさらに上下から押し潰したような形で、細長くコーナーの角度がかなり小さい。芝コースの内側にあるダートコースのコーナーはかなり半径が小さく、大きく減速しなければ外に流されるロスが生じる。

結果的に先行馬にとっては勝負どころを前に息を入れやすく、後続馬にとっては前との差を詰めたいところで減速せざるを得ないという形で、明らかに先行有利。中京ダートと同じメカニズムだ。

そんな先行有利のコースだけに、人気馬、穴馬の本命候補ともに、狙いは逃げ・先行馬。

人気馬の本命候補は、前走で地方交流重賞のジャパンダートダービーを走っていた組。ダート中距離の一線級が介するレースに出走していた時点で能力は担保されており、さらに馬券に絡む活躍を見せていれば堅軸と言える。

また開催日程的に東京ダート1600mを好走してきた馬の活躍も目立つが、東京ダ1600mは瞬発力が要求されるため、差して勝ち切ってしまっていると後方から差し届かずという競馬になりがち。要は先行有利、持続力の新潟ダートとは適性が合わないのだ。よってユニコーンS、青竜SといったOPクラスのレースを2～3着に惜敗

しているくらいがちょうどいい。

一方の穴馬の本命は、ざっくりして申し訳ないが、近走で差し馬が台頭するような厳しい流れを踏ん張って好走してきたようなタイプとなる。選ぶポイントを例に挙げておくと、平均からハイペースの流れを徐々にポジションを上げて勝っている先行馬、先行有利の新潟ではなく、中山、阪神、京都で先行して勝っている馬など、逃げ先行馬にとって不利な条件があったにもかかわらず馬券圏内に好走した実績のある馬が良い。穴馬の本命候補だけに長所を見つけたら思い切って勝負したい。その価値のあるレースだ。

◎ローズプリンスダム（17年11番人気1着）

◎ローズプリンスダムは、2走前の鳳雛Sが素晴らしい内容。ハイペースを先行して押し切ったレースで、2、3着は4コーナーで後方にいた馬。ユニコーンSを勝ったサンライズノヴァでさえ（いくらコーナー4つのコースが得意ではないとはいえ）、◎ローズプリンスダムのすぐ前で競馬をして4着という結果だった。今開催の新潟ダートはいつもよりも差しが効く馬場となっているが、先行有利のコース形態に変わりはなく、同馬の強力な先行力と、ハイペースでもバテない強みがフルに活かせるコースと言っていい。

先行有利。ハイペース得意の先行馬！

芝コース同様にコーナーが大きく、直線部分が短いコースレイアウトで、道中のペースが落ちにくい。道中を通じて平均やや速めのペースで流れるために後続馬が差を詰めづらく、先行馬が有利なレースとなっている。

人気馬の本命候補は先行馬のなかでも、3～4コーナーにかけてマクるような競馬で好走した実績のある馬。速めのペースからさらに脚を伸ばしてゴールするという適性が求められるため、速め仕掛けを得意とする馬がこのレースにベストマッチ。また、特殊な札幌コースということもあって、リピーターの活躍も多い。

一方、穴馬の本命候補は前走からの距離短縮組。速めのペースが続き、かつ早仕掛けのレースとなれば、1700mという字面以上にスタミナを要するのは明らかで、近走で2000m級のレースを先行して掲示板程度に善戦していれば穴馬としては十分に狙いは立つ。また、他のダート1700mと同様に、ダート1400mを先行して好走しているタイプ、先行して終いタレて差のない4～7着に負けたタイプも持続力があるので狙い目。1400mでタレたタイプでも距離延長で追走がラクになり、終いまで脚を伸ばせるようになるので要注意。

GⅢ
関屋記念
新潟・芝1600m

超高速決着ながらも妙味は逃げ馬！

新潟芝コースで行われるマイル戦だけに、超高速決着となりがち。しかしスタンド前の長い直線を意識して末脚温存の傾向にあるためか、前半は後半に比べると多少なりともペースが緩むことが多く、先行馬のほうが馬券に絡みやすい。特に逃げ馬は要チェックで、近5年で2勝を含む3回の馬券絡みを果たしている。変に絡まれることのないメンバー構成であれば、人気馬、穴馬ともに逃げ馬を本命候補とするのも得策だ。

逃げ馬に楽しめそうな馬がいない場合は、人気馬の本命なら先行馬、穴馬の本命なら一発を狙った差し馬が最適。いずれも溜めて末脚を爆発させられるタイプが狙い目で、東京マイルならNHKマイルCを善戦した馬や、スローからのロングスパートとなる東京新聞杯で差し届かなかった馬の巻き返しを狙いたい。

また、開催日程的に前走中京記念組の出走も多く、こちらも好相性。中京記念は他場で切れ負けするようなタイプを狙ったが、こちらはその中京記念で伸び負け、脚が上がってしまったような負け方をした馬を狙う。中京の直線で伸びつつも、最後は脚色が一緒になってしまったような馬だ。この手のタイプが瞬発力を活かせるレースだ。

北九州記念

小倉・芝1200m

前走アイビスSD組に注目！

小倉芝1200mはスタートから4コーナーの途中まで緩やかな下り坂。序盤からハイペースになりやすく、逃げ馬は全滅。ただ、直線は平坦ということもあって人気の先行馬は粘り込むケースが多い。特に同様のハイペースを経験してきた前走アイビスSD組はかなりの好相性。アイビスSDを先行、好走した人気馬なら堅軸となる。一方の穴馬の本命は差し馬から。前走アイビスSDで差し届かなかった馬、また他場で差し届かなかった馬もハイペースとスパイラルカーブで巻き返すことができる。

> **◎ダイメイプリンセス（19年9人気1着）**
> 去年の2着馬。ギアチェンジにモタつくところがあり、緩急がつく競馬では足りないが、スパイラルカーブを採用している小倉芝コースでは大崩れなく走れている。小倉の3コーナー過ぎから加速し、スピードを落とさずに回って来られ、そして直線入り口で馬群がバラけるというコース形態が非常に合っている。前走のアイビスSDでは不利な内枠からかなり脚を使わされながらも6着に善戦。ベストの小倉芝1200mなら去年以上の走りが期待できる。勝ち負けまで期待したい。

GⅡ
札幌記念
札幌・芝2000m

一筋縄ではいかない難解レース

夏のGⅠ級重賞と言われるレースで、秋に向けての始動戦とする実力馬も多く参戦する。そのためレースレベルは非常に高く、重賞実績は必須。またそのレベルの高さに加えて、実力馬は叩き台、洋芝、マイラーの出走など、複雑な要素が絡み合っており、こう言っては身も蓋もないが、メンバー次第で人気馬、穴馬の本命候補が変わってくるレースだ。

ただ、そのなかである一定の道筋をつけるならば、人気馬の本命候補はマイル重賞で好走した実績のあるタイプ。穴馬の本命候補は2000mより長めの距離の重傷を好走した実績のあるタイプということ。ざっくりくくると人気馬は瞬発力タイプで、穴馬は持続力タイプということ。札幌記念はメンバーレベルからスローは想定しなくてOK。平均ペースから後半がギュッと締まる流れとなることが多い。こういう流れは持続力のある差し馬が得意としており、東京の2500m重賞好走馬なんかが合う流れ。それを緩いカーブから一気の加速で一刀両断できるのがマイラータイプの瞬発力タイプというイメージだ。ただ、今後はクラブ馬主の使い分けに便利なレースでもあり、堅く収まる傾向にシフトしていくとみる。

新潟2歳S

新潟・芝1600m

とにかく上がりの速さ重視!

デビューしたばかりの2歳馬にとって新潟の長い直線はかなりタフなコース。それもあって前半はかなりのスローペースとなり、ラスト3ハロンの瞬発力勝負となる。新馬、未勝利を仕上がりの早さ、あるいはスピードに任せて勝ってきたタイプも多く、馬群の中で脚を溜めて終いを伸ばすという大人びたレースができた馬のなかで、メンバー中最速上がりをマークしていた馬が人気馬の本命候補。該当馬は複数出走してくるが、東京芝1600m、そして同コースの新潟芝1600mで勝った馬のなかから上がりが速い順に評価していくくらいでも良い。

一方の穴馬の本命候補は同じく直線がタフな中京で勝ち上がってきた馬。他競馬場からの参戦ということで人気の盲点になりやすいが、スローからの瞬発力勝負になるコースを速い上がりで勝ってきただけあってリンクしやすい。また、中京芝1400m、1600mを先行して勝ってきたタイプも瞬発力と真逆のベクトルということで、穴馬の本命になり得る。他馬が瞬発力を活かすなか、スピードの持続力で押し切る競馬ができるのは展開利を生みやすい。相手には福島芝1800m組が人気薄で一考すべき馬となる。

GⅢ
キーンランドC
札幌・芝1200m

メンバー次第で瞬発＆持続のチョイスを！

コーナーが大きく緩やかなため、大きく減速せずに回ってこられる札幌芝コース。その特徴の影響で道中は大きな緩急のない平均ペースで進むため、基本的には先行有利も、差し馬の台頭もあり得るレースとなっている。先行して持続力を活かすタイプと、瞬発力で差し脚を活かすタイプともに好走することができ、人気馬、穴馬の本命候補をどちらにするか、メンバー構成などを見極めたい。

本命馬として信頼できるのは、前走で同じ洋芝の重賞・函館スプリントSで3着以内に好走した馬。この実績があればまず馬券圏内を外すことはない。また、函館スプリントS以外の函館芝1200m戦を好走してきた馬の戦績も良く、洋芝経験と滞在効果がプラスに作用しているのがわかる。

一方、前走で同コースの札幌芝1200m組は不振。これはキーンランドCまでに適当なOP特別がなく、昇級初戦、あるいは格上挑戦となっているためだろう。キーンランドCはスプリンターズSを睨んだ馬が出走してくる比較的レベルの高いレースになりがちなので、重賞実績はあったほうがベターと言える。外枠有利なのもこのレースの特徴だ。

札幌2歳S

札幌・芝1800m

ポイントは長い脚と前走上がり順位！

札幌開催の最終週に行われるため、馬場が悪く時計がかかるレース。また、コーナーの緩い札幌芝コースだけあって平均ペースで流れることが多く、その年のメンバーレベルによって好走馬のタイプが変わってくる。脚質や上がりなど、前走の結果に捉われすぎずに、出走メンバーを冷静に比較する必要があるレースだ。

それを大前提に本命馬候補に最も近いのが、上がりのかかるレースで先行し、マクり気味にポジションを上げていけるタイプ。まだキャリアの浅い2歳戦だけに道中で仕掛けていくとかかっていってしまう馬も多いが、そういう繊細なタイプではなく、むしろズブめの競馬を見せていたほうがこのレースには合う。

前走、あるいは勝ち上がったレースの上がり順位は上位であることに越したことはないが、ほとんどが35秒台のはずで、速い脚が必要というよりも長く脚を使って、その結果、上位の上がりだったというイメージを持っておいたほうがいい。クラシックとは真逆の適性が求められるため、好走馬を翌春まで追いかけると痛い目に遭う可能性が高い。ただしレベルの高い馬が出走してくれば、暮れのホープフルSなら一発が期待できそうだ。

GⅢ
小倉2歳S
小倉・芝1200m

開催前半、後半の出し入れで儲ける！

メカニズムは函館2歳Sと同じ。函館に比べ雨の多い小倉のほうが
馬場は荒れやすく、より差せる馬にとってのメリットは大きくなる。

◎アイアンクロー（17年5番人気2着）
◎アイアンクローは阪神芝1200mの新馬戦を楽勝したあと、今回と同じ
小倉芝1200mで行われたオープン特別フェニックス賞で3着。負けたと
はいえ、3コーナー1、2番手にいた人気薄がそのままワンツー決着とい
う典型的な前残りの競馬を中団から追走、メンバー中2位の上がりで詰め
寄ったのは評価すべき。ましてや新馬戦はスローからの瞬発力勝負を最速
の上がりで制しており、デビューから瞬発力勝負、ハイペースの持続力勝
負で好走できているのは能力の証だ。この小倉2歳Sは開催の最後に行わ
れることもあって、差し馬が穴をあけるケースが多いが、逃げて勝ってき
た馬が多いなか、スローの差し、ハイペースの差しで速い上がりを使って
好走してきた経験は大きなアドバンテージとなる。加えてこの時期の2歳
戦だけに行くだけ行ってどこまで粘れるかという競馬を狙う陣営も多く、
展開は明らかに同馬向き。外めの枠もプラス材料で、前走の負けで人気の
盲点になっている今こそ狙っておきたい。

ポイントは長い脚と前走上がり順位！

新潟記念が行われる新潟芝2000m外は、向正面、スタント前の直線が非常に長く、コーナーはかなりタイト。長い直線を意識して道中は脚を溜めることに専念する馬も多く、コース形態、鞍上の思惑からもスローになりやすいレースだ。

道中がスローで進むということは、つまり直線での瞬発力勝負になるわけだが、新潟記念はこれが2パターンあることに注意する。

まずひとつめが純粋な瞬発力勝負。

ラスト3ハロンが32秒台、33秒台前半となる競馬で、いわゆるキレッキレの上がり順位上位馬が馬券圏内に台頭してくるレース。

このケースでは「新潟芝＝瞬発力勝負、上がりの速い馬が得意」というイメージを持っているファンも多く、速い上がりを使える馬から売れていくため、比較的平穏な配当となりやすい。

こちらはひたすら速い上がりの馬を狙い撃つというイメージで、新潟特有の32秒台から33秒台前半の上がりで好走した馬や、東京、京都外回りで33秒台の上がり勝負を好走した実績のある馬が狙い目となる。

そしてもうひとつのパターンが、ラスト3ハロンではなく4ハロンの瞬発力勝負。

道中がスローで流れるということは、早めに動き出す馬もいるということ。他のローカル2000m戦でよくみられる展開だ。新潟は最後の長い直線を意識して、そういうレースにならないことも多いのだが、それでもスローから早め仕掛けというのは、ひとつの形。

この流れ、要は後半1000mから徐々にペースアップする流れになると、1パターン目の瞬発力タイプは直線の途中で脚が上がってしまい、代わってロングスパートが利くタイプが台頭する。この展開だと人気の瞬発力タイプがコケやすいため、配当面も期待できる。

小倉記念の解説でクランモンタナを例に「他場では切れ負けするようなタイプが巻き返す」と書いたが、まさにこれと同じタイプが好走してくるパターンだ。実際、クランモンタナも14年の新潟記念を2着に好走しており、また前走で小倉記念を走った馬の好走率も高い（小倉記念5着以内は馬券に入れておきたい）。

このタイプを穴馬の本命候補とする場合は、上記の小倉記念のようなローカル2000m重賞に好走実績があれば積極的に買い。近走の東京や京都の成績は度外視で良い。むしろ差して届かず、先行してゴール前で4〜8着あたりに切れ負けている馬を狙うイメージだ。

ただ、その年の新潟記念がどちらのパターンになるのか出走メンバーから読みづらいこともあり、オススメは人気馬の本命候補にキレッキレの瞬発力馬を配し、穴馬の本命候補には切れ負けタイプを置く買い方。

相手には両タイプを入れておくことで、堅い瞬発力決着になっても、高配当となる切れ負け決着になっても、的中の可能性は高まる。

また、あえて高配当狙いに徹して、どちらも切れ負けタイプを配するのもあり。穴党にはこちらをオススメする。

紫苑S

G Ⅲ

中山・芝2000m

春の実績馬から組み立てる！

16年より重賞に格上げされ、年々出走メンバーのレベルも上昇。それに伴い本番の秋華賞でも紫苑Sをステップとした馬が好走し始めており、本番と同じ内回りの2000mということもあって、今後はさらに重要なトライアル戦となっていくだろう。

レース展開は牝馬限定トライアルの定番とも言えるスローペース。ただ、さすがに内回りだけあって、翌週のローズSのようにラスト3ハロンの瞬発力勝負とはならず、後半はかなり時計の速いロングスパートとなる。1年を通して最も中山芝コースのコンディションが良い9月の開幕週だけあって、ロングスパートでも33秒台の脚が要求される。この展開と上がりタイムゆえに、能力の高い馬が好走しやすく、フローラS、オークスの好走馬の信頼度は厚い。実際、重賞になって以降1、2番人気しか勝っておらず、その内の3年はオークス3、4着馬とフローラS3着馬が勝利。人気馬の本命候補がこれ。一方、穴馬の本命候補は、古馬の2勝クラスを勝ってきた別路線組か、道中マクり気味にポジションを上げる競馬で好走した実績のある持続力に長けた馬。この手のタイプでも速い上がりを使った実績は必要だ。マクれる馬の好走が多く外枠有利の傾向も。

GⅡ
セントウルS
阪神・芝 1200 m

超高速決着で逃げ馬に注目！

ひと夏休ませただけに芝のコンディションは絶好。同時期の中山芝と同様に野芝だけの開催で、相当な高速馬場というのが大きな特徴。高速馬場に対応できる絶対的なスピードが必要不可欠となる。

また、サマースプリントシリーズの最終戦ということで、前走北九州記念組の出走が多い。北九州記念は開催4週目で逃げ馬不振、先行馬、差し馬の台頭が目立ったが、セントウルSは開幕週。北九州記念の好走馬が人気になりやすいものの、特に差して好走していた馬に関してはその着順を鵜呑みにすると、セントウルSでは差して届かずという結果になりがちなので要注意だ。

高速馬場の開幕週だけあって逃げ馬の好走が多く、近5年で3連対。これを人気によって人気馬の本命候補、穴馬の本命候補に推すのもあり。ちなみに逃げ馬が連対できなかった2年は、近2走を新潟芝1000mで走っていたフィドゥーシア（抑えが効かずにかかって終了）とダート馬マテラスカイが逃げた年だった。

そのほかの本命候補も先行馬がオススメ。特に古馬に比べて斤量が軽くなる3歳馬の成績が良く、前走で4コーナーの通過順が3番手以内だった馬はかなり信頼できる。

京成杯AH

中山・芝1600m

今後は1400m好走馬も要チェック！

阪神開催同様、野芝だけの開催でツルツルの高速馬場となる中山芝コースでのマイル戦。

19年にはトロワゼトワルが逃げて1分30秒3というスーパーレコードをマークし、それまでの差し決着傾向を覆した。これをどう判断するかがこのレースの今後を占うことになる。

個人的な見解で言うならば、この高速馬場が今後も続くという考えでいる。それまでの差し決着は馬場改修後でクッション性が高かった時期と、18年の逃げ・先行馬が人気薄ばかりだった年という認識。今後も19年のレコード決着ほど時計は出ないにせよ、前が止まらない高速気着が続くとみる。

中山芝1600mは外回りコースを使用し、スタート後2コーナーを回ってから直線の急坂まで緩やかな下り坂が続くレイアウト。スタート後のポジション争いからハイペースになりやすいコースで、他場のマイル戦とは違い持続力を求められる。このコースの特性と高速馬場に対応できる短距離指向の馬が狙い目で、今後は1400mでも好走できる馬の台頭が見込まれる。狙い目は阪神、中京芝1400m、そして中山マイル、中京マイルを先行、好走した馬とみる。

GⅡ
ローズS
阪神・芝1800m

究極の瞬発力レース！

阪神外回りコースを使用する、芝1800m戦。阪神芝1600m、1800mはJRAでも有数の瞬発力コースで、さらに牝馬限定のトライアル戦ということもあって、スローペースからの瞬発力勝負がデフォルト。とにかく速い上がりを使える馬をチョイスするレースだ。開幕2週目の高速馬場だけに逃げ・先行馬を買いたくなるが、勝ち切るのは稀で、近5年ではカンタービレが該当する程度。人気、穴馬の本命馬はいずれも差し・追い込み馬から選ぶのが無難だ。

前走がGⅠ以外のレースだった場合は、上がり最速というのが必須条件で、差し脚が武器ながら近走は展開不向きで差し届かなかった馬を穴馬の本命候補とするのが得策だろう。

◎タッチングスピーチ（15年7人気1着）

春はトライアルのチューリップ賞、オークスへ向け忘れな草賞を使ったが、チューリップ賞は道悪、忘れな草賞は内回りと、同馬の差し脚が活かせる競馬とはならず。前走は差し脚の活きる大回りの札幌芝2000mをあっさり勝利。500万クラスとはいえ、レベルの高い内容を圧勝したのは評価できる。持ち前の鋭い差し脚が活かせるコースで勝ち負けまで期待できる。

GⅡ
セントライト記念
中山・芝2200m

切れ不要。穴なら前走条件戦組！

牝馬トライアルのローズＳとは違い、道中はずっと淡々とした流れが続く。向正面半ばあたりから徐々にペースアップしていくが、菊花賞の権利獲りを狙ってか、極端にポジションを上げて仕掛けていく馬はほとんどおらず、ソローっと加速したままゴールへ向かうイメージだ。

こういう流れだけに後方からではまず届かず、先行から中団くらいまでに位置する馬で、長くダラッとした脚を使える馬が狙い目。

皐月賞で先行するか、中団から上がっていく競馬をして８着くらいに負けた馬なら十分勝負になる。一方、ダービーとは求められる適性が根本的に違うため、ダービーを速い上がりで差して好走した馬は不発に終わりがち。言い換えれば、ダービーで切れ負けした馬は巻き返しが期待できるということでもある。

セントライト記念に限らずだが、夏のあいだに古馬混合の２勝クラスを勝ち上がれるようなら好勝負になるのが３歳のトライアル戦。クラシック出走組と別路線ということで人気の盲点になりがちなので、夏の新潟芝2200 mあたりを先行して勝ち上がってきた馬に注目するのも面白い。

GⅡ
神戸新聞杯
阪神・芝2400m

前走ダービー組が圧倒！

阪神外回りコース、高速馬場、クラシックディスタンスの2400m、
トライアル戦と、瞬発力勝負になる条件が揃っている。

日本では東京芝2400mで行われる日本ダービーを制するための馬
づくりが主流となっており、そのダービーで求められるのがスピー
ドと瞬発力。そしてこの神戸新聞杯はダービー好走馬が多く出走し
てくるレースでもある。何が言いたいのかと言うと、とどのつまり
はこのレースは堅いということ。

実際、人気となるダービー出走馬は15〜19年の5年間で【4 3 2
14】、ダービーを4着以内に好走した馬に限ると【4 3 0 3】と他を
圧倒。穴党にとってはどうにも抗いようのない結果となっている。

こんなレースだけに無理に穴狙いをしなくても良いと思うが、それ
でも穴馬の本命候補を選ぶならば、ダービーを前が詰まる、追えな
いなどの不利で力を出し切れなかった馬か、やはり別路線組という
ことになるだろう。ただし、ダービー馬を相手にするとなると、古
馬混合2勝クラスを買っている程度では心許なく、3勝クラスは
勝っていてほしいところ。

やはり無理に穴を狙わなくても……という気が強くなるばかりだ。

GⅡ
オールカマー

中山・芝2200m

宝塚記念組が出てくればめっけもの！

前週に行われる菊花賞トライアル・セントライト記念と同舞台で行われる３歳以上のGⅡ戦。

古馬混合戦だけにセントライト記念よりも厳しい流れになると思いきや、道中の流れはほぼ同じと言って良い。

つまり、スローから向正面半ばで徐々にペースアップ。そのままゴールへなだれ込むという流れとなる。当然狙い目も同じで、後方からではまず届かず、先行から中団くらいまでに位置する馬で、長くダラッとした脚を使える馬が良い。

レベルは違えど、同様に持続力が要求される宝塚記念の好走馬は安定して走っており、出走してきたらめっけもの。これを本命候補とすればOKだ。ただ、同じGⅠ出走組でも近走で瞬発力レースを上がり上位で好走してきた馬は勝ち切れないので注意。

同コースで行われるAJCCとの比較で言うと、AJCCは冬場でパワーを要する馬場で行われるため、高速馬場のオールカマーとは多少適性にズレがある。ただ、AJCCのほうがタフなレースになるぶんオールカマーでも通用し、反対にオールカマー好走馬はAJCCではパワーを要する馬場に足もとを掬われる可能性がある。

GⅢ
シリウスS
阪神・ダ 2000m

スタミナ要するレースで、穴は追い込み馬！

４コーナー奥の引き込み線からの芝スタートで、最初のコーナーまでの距離が長い。このようなコースレイアウトはスタートダッシュがついて前半からペースが上がりやすいが、2000mという距離はダート戦としては長距離に入る部類。ダートではメジャー距離の1800mから１ハロン延びただけだが、スタミナの要素が求められるレースとなっている。このスタミナ面を意識してか芝スタートのわりには前半のペースはさほど速いわけではなく、スローペースになることが多い。

基本的には逃げ・先行有利でそれを示すように圧倒的に内枠有利。前走を逃げ・先行で馬券圏内に好走した内枠の馬がいれば素直に人気馬の本命に推して良いだろう。

一方、穴馬の本命には差し・追い込み馬を狙う。

先述したようにスローペースになりやすいレースではありつつスタミナを要するレースということで、速い上がりを使える馬が走ってきやすい条件が揃っている。マクる競馬が得意な長く脚を使えるタイプや、直線勝負のタイプはダートでは成績が安定しないが、そういう差し届かずの競馬が多いもどかしい馬こそオススメ。

スプリンターズS

中山・芝1200m

典型的前傾ラップの持続力勝負！

スプリンターズＳが行われる中山芝1200mは、外回りコースを使用。カーブが緩やかなうえにスタート直後から直線までなだらかな下りとなるため。序盤からハイペースになりやすいコースレイアウト。さらに直線には中山名物の急坂が待ち構えており、競走馬にとっては非常にタフなコースだ。

ハイペースについていくスピード、そしてそのスピードをゴールまでいかに持続するかが重要なレースで、当然求められる資質は持続力。

スタートから飛ばしてゴールまで粘り込むという資質はダート短距離に通じるものがあり、ダート短距離を先行して好走した実績のある馬が、このコースでしばしば好走するのもそれが理由だ。

ローテーション的に夏の北九州記念やセントウルＳからの転戦組が多く、どちらも前傾ラップになりやすいレースだけに一見するとスプリンターズＳに合っているように思えるが、北九州記念は平坦コースで中山芝1200mほどの持続力は必要なく、セントウルＳは開幕週のツルツル馬場で先行有利。実は合っているとは言えない前哨戦だ。特にセントウルＳ組はデータ上では近５年で３勝を挙げており、いろいろな媒体でセントウルＳ組有利とされることも多い

が、勝っているのはすでにスプリンターズSや高松宮記念で連対実績のあったストレイトガール（15年）、ファインニードル（17年）、そしてスプリント路線に移行して強さを見せたタワーオブロンドン（19年）で、いずれもスプリンターズSで1、2番人気に推された実力馬のみ。セントウルS好走＝スプリンターズSに適性があるということではないので、注意が必要だ。

代わって良いのが中京芝1200m好走馬。前走が中京芝1200mという馬は少ないだろうが、春の高松宮記念や過去のCBC賞で好走した実績のある馬は狙い目。中山芝が高速化したこともあって今後は春秋のスプリント連覇という馬も増えてきそうだ。当然同コース実績馬も買い。その他、中京芝1400m、阪神芝1200m、1400mのハイペースを先行、差しで好走実績のある馬が狙い目となる。

◎ワンスインナムーン（17年7人気3着）

◎ワンスインナムーンは今回と同じ中山芝1200mには滅法強く、また、持続力に優れた馬らしく1400mにも良績を残している。中山芝1200mはスタート直後から4コーナー手前まで緩やかに下り、最後の直線では急坂が待ち構えるというコース形態。つまりスピードが出やすく、落ちづらい。それでいて最後に急坂という持続力が求められるコースだけに、持続力に優れた同馬がこのコースと相性がいいのも頷ける。加えて、ラクにポジションを取れる内枠で、同馬の内に競ってくるような馬もいない。まさに理想的な枠を引いた。春の高松宮記念は16着に大敗しているが、苦手の緩んだ馬場がすべて。持続力を活かす競馬で勝ち負けまで見込める。

サウジアラビアRC

東京・芝1600m

人気の瞬発力馬台頭で穴党の出番なし！

この時期の2歳馬にとって直線が長くなだらかながら坂もある東京芝1600mは厳しい条件で、直線への余力を残すために前半、中盤はスローペースとなる。

当然直線での瞬発力勝負となり、近5年のうち前走で上がり1位をマークしていた勝った馬が4勝、2位で勝った馬が1勝。前走を上がり最速か2位で勝っている馬となれば、当然ながら人気に推されているわけで、このレースでは穴党の出番はなし。今後も高配当は期待できそうにないレースだ。

唯一荒れそうな要素といえば、前走でオープンクラスを走ってきた馬が大不振で、17年のステルヴィオがコスモス賞から2着している程度。残りは新馬、未勝利勝ちということくらいか。ただこれも新馬、未勝利勝ちの時点で能力の高さがバレている馬が普通に好走してくるので、期待薄ではあるが。

それでも穴馬の本命候補を設定する場合は、瞬発力コースを要するレースを上がり最速で勝った実績を持ちながらも、前走なんらかの理由で末脚が不発に終わっていた場合や、前走で合わないコースを走って凡走していた場合。都合よくそういう馬が出てくれば良いが。

GⅡ
京都大賞典
京都・芝2400ｍ

GⅠ実績馬台頭も、穴は京都巧者！

京都の開幕週に行われる３歳以上のGⅡ戦。東京で行われる毎日王冠と並ぶ古馬王道路線の始動戦という位置づけだったが、近年は外厩の存在や大手クラブ馬主の使い分けなどで、出走頭数は現象傾向にある。それゆえ、GⅠで好走した実績のある馬が出てくれば順当に勝ちを収めるため、配当的にも堅い傾向。毎日王冠ほどではないが、穴党の出番は限られるレースだ。

レース展開は前半、中盤はスロー気味で流れ、京都特有の３コーナーからの下りでペースアップ。そのままゴールへ向かって加速していくというラスト800mのロングスパート戦。前走GⅠで好走を果たした馬ならまず馬券圏内は外さないと判断して良い。

特に前走宝塚記念好走組は、厳しい持続力の競馬をクリアしてきただけあって好成績となっている。

一方、穴馬の本命候補は京都巧者。17年の勝ち馬スマートレイアー（４人気）、19年の勝ち馬ドレッドノータス（11人気）はいずれも京都の重賞を勝っていた馬だ。また、近走が不振でも過去にGⅠを好走した実績のある馬は、相手弱化で巻き返してくる可能性がある。

ヒモ荒れに一縷の望みを託す！

毎日王冠が行われる東京芝1800mは１、２コーナー中間の引き込み線からスタート。向正面をフルに使って大回りのカーブを経て最後の直線に向かうという、ほぼワンターンのコースレイアウトだ。少頭数になることが多く、各馬のポジション取りはスムーズで前半から速くなることはほぼない。道中は淡々と進み、４コーナーを回ったラスト600m地点から急加速の上がり勝負となる。

開幕週、少頭数、瞬発力勝負と、前日のサウジアラビアRCに続いて穴党の出番が少ないレースだが、こちらはマイラーと中距離タイプの両方が出走してくるため、ヒモ荒れに一縷の望みを賭ける価値はある。瞬発力が要求されるものの、上がり勝負に特化されているわけではなく、先行から押し切る持続力タイプの好走も期待できる。特にスピードのあるマイラーなら粘り込みが可能。同じ東京競馬場で行われる安田記念好走組には注目しておきたい。

また、ヒモ荒れを狙う場合は、逃げ・先行よりも追い込み馬をチェック。この手のタイプは展開待ちで、近走でハマっていなければ大きく着順を落としているだろうが、そこが狙い目。スローからのヨーイドン！の競馬なら２、３着に突っ込んでくる可能性はある。

GⅡ
府中牝馬S
東京・芝1800ｍ

速い上がりタイム優先！

スタート後の向正面、そして最後の直線の長い東京芝1800ｍ戦、さらに牝馬限定重賞ということもあって、スローからの上がり勝負がデフォルト。4コーナーを回って直線に入ってからも瞬発力勝負となるレースだ。

展開的にはスローペースながら道中は前につけるメリットはさほどなく、最後方からでも届くという、あくまでも上がりタイムに注目した馬選びが奏功する。むしろ勝ち切る本命馬としては後方につけていたほうが良いくらいだ。

15～19年の近5年で、前走上がり最速をマークしていた馬が3勝と良績をあげており、残り2年も2着は確保している。これを人気馬の本命候補とするのが最も合理的だろう。

一方の穴馬の本命候補は逃げ・先行馬から。マイルで先行できる馬や、大回りの札幌でクイーンSを先行して好走した実績のある馬が狙い目。勝ち切るには後方につけていたほうが……と書いたが、それでもスローの前付けにメリットがないわけではない。上がり勝負は人気馬の本命に任せつつ、前から速い上がりを使える穴馬の本命候補で高配当を狙うという作戦が合うレースだ。

GI
秋華賞
京都・芝2000m

桜花賞、オークス惜敗組にチャンスあり！

秋華賞は京都内回りコースを使用する芝2000m戦。阪神競馬場の改修以前は桜花賞が超ハイペースとなることが多く"魔の桜花賞ペース"として有名だったが、今は"魔の秋華賞ペース"と言えるほど道中が緩まずハイペースになることが多い。さすが内回りコースのGIといったところか。

これほどのハイペースになるだけに上がりの速い馬が上位に走ってきやすいが、桜花賞、オークスのような一瞬で加速して切れ味を発揮するタイプではなく、速い流れのなかから脚を伸ばせる持続力タイプの好走がメイン。2冠レベルの馬でなければ、桜花賞、オークスを瞬発力で差して好走してきた馬を割り引いて2、3着に据えるイメージで良い。

以前はローズS組が能力にものを言わせて好走を続けていたが、ローズSは究極の瞬発力勝負。まったく違う適性が求められるレースだけに本質的には合わない前哨戦だ。実際、近年はリンクする度合いが減ってきており、代わりに重賞に格上げされた紫苑S組の好走が目立つようになってきた。

紫苑Sは中山内回り2000mで行われ、高速馬場のスピードも求められる。秋華賞で要求される走りと同様の適性が必要とされるため、

今後は紫苑Ｓ組に注目していくべきだろう。

穴馬の本命候補は、持続力レースでは定番の切れ負けタイプ。桜花賞、オークスで先行しつつ上がり勝負で切れ負けしていた馬や、似た適性が求められる春のフローラＳの好走馬が面白い。いずれも桜花賞、オークスで８着くらいまでの負けなら目を瞑って、持続力勝負となる秋華賞での巻き返しに期待したい。

◎クイーンズリング（15年5人気2着）

秋華賞が行われる京都芝2000ｍは内回りコースを使用。最後の直線も短く、小回りらしい早め早めに仕掛ける前がかりのハイペースになることが多い。ましてや勝負がかりのＧ１ともなればその傾向はさらに強まる。よって求められる資質は、ハイペースでスピードを維持する持続力と、さらにそこから抜け出す一瞬のスピード。反対に桜花賞、オークスで好走した瞬発力に秀でたタイプでは、ハイペースで脚が溜まらず、最後の直線も短いために弾け切れない。桜花賞やオークスとはまったく違う資質が求められるのが秋華賞なのだ。

人気馬の本命◎クイーンズリングが負けたのはクラシックの２戦と、前走のローズＳ。反対に勝ったのが中山芝1800ｍ、1600ｍ、そして阪神芝1400ｍのフィリーズレビュー。つまり瞬発力が要求されるレースで敗れ、持続力が要求されるレースですべて勝っているということになる。重賞勝ちに加え、不向きなＧ１でも善戦できるだけに、能力の高さは折り紙付き。同馬向きの舞台で、ひと叩きされた上積みも含め勝ち負けになる。

GⅢ

富士S

東京・芝1600m

人気は格上馬、穴は持続力馬！

2月に行われる東京新聞杯と同じ格、同じコースで行われる富士S
だが、レース内容は真逆とも言えるもの。東京新聞杯は緩い流れか
ら直線の瞬発力勝負だったが、富士SはマイルCSの前哨戦という
位置づけにあるからか、道中は締まったペースで流れて緩むところ
がない。平均よりやや速め、もしくはハイペースのマイル戦となっ
ている。となると、自ずとレースレベルも上がり、近走でGⅠ、G
Ⅱで好走した馬が近5年で3勝。これが人気馬の本命候補のタイプ。
GⅠやGⅡの格上のレースで好走した実績のある馬だ。こちらは瞬
発力タイプのほうが良い。

対して穴馬の本命候補も重賞実績は気にしたいが、違うのは持続力
タイプを狙うということ。東京マイルのハイペースというのは非常
にタフな条件で、これを瞬発力だけで好走できるのは能力の高い馬
だけ（＝人気馬の本命候補）。このようなハイペースではキレッキ
レではないものの、スピードを長く持続できる馬のなだれ込みにも
注意を払うべきで、これを狙う。同じく持続力勝負となる中山マイ
ルの京成杯AH好走馬、長すぎる直線でタレずに脚を伸ばした関屋
記念好走馬など、持続力を要求される舞台で好走した馬をチェック。

GⅢ
菊花賞
京都・芝3000ｍ

長い脚を使える持続力重視！

菊花賞は3000ｍという長丁場だけにスタミナの要素が求められると思いきや、近年の瞬発力偏重の影響でかなりのスローペースで進むため、実質的には中距離戦と化しているのが現状。好走馬もわりと用意に想定できる範囲で収まり、個人的にはひと昔前の長距離戦でこそのタイプの激走がなくなったのを寂しく感じるが、そこは人それぞれか。と、それはさておき、瞬発力偏重とはいえ、京都の外回りコースで行われるため持続力が必須。中距離のロングスパート戦と考えると、好走馬のイメージを掴みやすいだろう。

菊花賞に向かうトライアルレースは神戸新聞杯とセントライト記念があるが、神戸新聞杯組が人気馬の本命候補、セントライト記念が穴馬の本命候補というイメージ。神戸新聞杯は瞬発力勝負となるが、春のクラシック好走馬の出走が多く、さらに阪神外回りの長い直線で多少は持続力の要素も要求される。このレースを差して好走してきた馬は速い上がりをさらに上回る脚を長く使っていたということで、菊花賞でも十分に通じるタイプだ。ただし、先行して好走したタイプは割り引きで良い。一方のセントライト記念組は淡々とした流れを徐々にスピードアップしており、加速状態を長く維持できている馬。こちらは先行して好走しているほうが狙い目となる。セントライト以外でも持続力レースを好走している馬は買いだ。

GⅡ
スワンS
京都・芝1400m外

京都実績重視の瞬発力レース！

芝、ダートを問わず1400mは基本的に道中はハイペースで進み、上がりのかかる持続力勝負になる距離なのだが、スワンSが行われる京都芝1400m外と東京芝1400mは道中が緩みやすく、イーブンペースからの瞬発力勝負となりやすいコースだ。短距離戦としては珍しいほうの部類に入る。

このような瞬発力レースだけに、人気馬の好走が目立ち、また逃げ馬の戦績は良くない。ただ、人気薄が走らないというわけではなく、持続力勝負のスプリンターズSや、阪神、中京、その他コースの短距離戦で負けた馬の巻き返しが多いのも特徴。穴馬の本命候補としてはこれが狙い目となる。

ただ、穴馬の本命候補にしてもマイル以下の瞬発力勝負で好走した実績は必須で、マイル重賞、過去のスワンS、シルクロードS、京阪杯やオパールSなどの好走歴はチェックしておきたいところ。

直線に向いてからの末脚勝負となるだけに、短距離戦ながらスムーズに差してこられる外枠のほうが有利というのもこのレースの特徴。ただし、これだけ緩い流れで行われるレースだけに、本番のマイルCSに繋がるレースとは言えない。

GⅢ
アルテミスS
東京・芝1600m

牝馬重賞定番のスロー→瞬発力勝負！

比較的道中も締まったペースで流れやすい東京芝1600mだが、こ
のレースは2歳牝馬限定戦。この時期の2歳馬にとっては東京芝
1600mは非常にタフで、成長途上の体力、脚力を考えると最後の
直線もかなり長い。道中はスローでジッと脚を溜め、ラスト3ハロ
ンで末脚を爆発させるというスローペースからの瞬発力勝負がこの
レースの定番だ。考え方としては同開催に行われるサウジアラビア
RCと同じで良い。

近走でメンバー中上位の上がりをマークした馬が狙いとなるが、さ
すがにほとんどの馬がそれに該当。さらに絞り込んで、前走、上が
り33秒台のレースをメンバー中最速で上がっていれば人気馬の本
命候補として安心できるレベルとなる。

一方、穴馬の本命候補も前走で上がり最速をマークしている距離短
縮組。瞬発力勝負とはいえ、2歳馬が東京の長い直線を乗り切るに
は相応の持続力も必要となる。前走で1800m以上を走って最速上
がりをマークしていれば、その点でも安心で、さらに別路線という
ことで人気の盲点にもなりやすい。15年デンコウアンジュ（12人
気1着）や18年シェーングランツ（6人気1着）がこのタイプ。

天皇賞(秋)

東京・芝2000m

先行有利の特殊馬場レース！

天皇賞（秋）が行われる東京芝2000mは2コーナー奥のポケット
からスタートし、そのまま向正面へ入るとハイペースで流れ出す。
そのまま締まった流れが最後の直線まで続き、さらにゴールに向け
て加速するという流れ。時計だけに注目すると厳しい流れという印
象を受けるが、ここ数年の東京芝コース、特に秋は超のつく高速馬
場で前に行った馬が止まらない馬場となっている。これほどの厳し
いペースで進みながらも、外から差してくる馬は伸びあぐね、前に
つけたほうが有利なレースなのだ。ここまで馬場が高速化すると、
数年前までの傾向は無視したほうがいいだろう。

このまま高速馬場が続くと想定した場合、穴馬の本命はマイル戦か
らの転戦馬。高速馬場へのスピード対応、瞬発力、距離延長で前に
つけやすくなるメリットもあり、今後はマイル重賞、特にGⅠで好
走した実績馬が上位を賑わせそうだ。

先述の通り逃げ・先行有利だが、高速馬場のハイペースを中団で追
走、33秒台前半の上がりを使える中距離馬は引き続き押さえが必要。
ペース次第では内を通ってアタマまで抜けられる可能性はある。

GⅢ
ファンタジーS
京都・芝1400ｍ外

持続力に瞬発力の味付け！

京都芝1400ｍ外はスタートしてすぐに３コーナーを頂点とする上り坂を迎えるため、本来短距離なら最もペースが上がるべき区間で逆に緩む。これが持続力距離の1400ｍながら京都が瞬発力勝負気味になる大きな理由だ。

ただし、さすがに３コーナーからの下り坂で徐々に加速していくことになり、まったくの瞬発力勝負というわけではない。あくまで”瞬発力気味“というのがポイント。

また、レース後半で速いスピードを持続するというレース傾向からある程度のスタミナも必要とされ、近５年では距離延長組【１０１１４】、同距離組【１３２２１】に対して、距離短縮組は【３２２１１】と好成績。さらに距離短縮組のなかでも、先行して上がり順位上位の馬がベスト。さすがに相性の良い距離短縮組でも、後方から差すような競馬をしていたのではファンタジーSでは前を捉え切れないということだ。前走と距離が違う、上がり最速ではないということもあって、この手のタイプでも意外と人気にならないケースがあるので、人気馬、穴馬とも積極的に狙っていきたい。

いずれにしても人気馬の本命候補、穴馬の本命候補とも1400ｍらしい持続力に加え、瞬発力も要求されるというのが注意点だ。

◎メジェルダ（15年6人気2着）

◎メジェルダは、前走で今回と同じ京都芝1400m外を走って2着。距離延長を意識しすぎたのか、スローに落としすぎて結果的に瞬発力勝負になってしまったのが敗因だろう。特にこの京都芝1400m外は、本来はもっともスピードの出る2ハロン目が上り坂となっており、1400mとしては緩急のつきやすいコース。下手にスローになるとマイル戦なみの瞬発力が必要となるだけに、さすがに前走は失敗だったか。とはいえ、ハイペースに巻き込まれて差し競馬となった函館2歳S以外は、持続力＋多少の瞬発力を見せており、この舞台向きの資質は見せている。先行有利の競馬が続く京都芝で、さらに強力な同型馬がいないここは大きなチャンスだ。勝ち負けまで期待したい。

GⅡ
京王杯2歳S
東京・芝1400m

もはや重賞レベルにない……

正直に言うと、ここ数年の傾向からは何も特筆すべきことがない
レース。

サウジアラビアRC、アルテミスSなど、東京競馬場で秋に行わ
れる2歳重賞が増えたこともあって、出走頭数が減少し、それに
伴いレースレベルも低下。結果、道中のペースも緩みまくって、
1400mらしからぬ超スローから上がり3ハロンだけの瞬発力勝負
というつまらないレースになってしまっている。

馬券的にも妙味は少なく、買うなら上がりの速い馬を狙うだけ。そ
れでもあえて穴馬の本命候補を選ぶとすれば、道中が超スローだけ
に先行馬ということになるが……。

アルゼンチン共和国杯

東京・芝2500m

同条件の目黒記念との違いに注意！

春の目黒記念と同じ東京芝2500mで行われるハンデGⅡ。直線の坂下からスタートするため、都合2回の坂越えをこなすタフなコースレイアウトで行われる。

同コース、同じハンデ戦と春の目黒記念と同条件のはずだが、アルゼンチン共和国杯は秋の内が伸びる高速馬場の影響か、道中のペースが緩んでやや瞬発力勝負気味の傾向となる。

その傾向が如実に表れているのが道中の位置取りで、目黒記念の先行【0 1 2 15】、差し【4 3 3 27】に対し、アルゼンチン共和国杯は先行【2 2 2 13】、差し【3 2 1 19】。明らかにアルゼンチン共和国杯のほうがレースとしては"軽い"結果となっている。

瞬発力勝負になるという意味では、人気馬の本命候補を考える際には東京芝2400mとして予想すればしっくりくるレースで、クラシックディスタンスの瞬発力勝負に強い馬、要はダービー好走馬といった高レベルの瞬発力タイプをチョイス。

一方の穴馬の本命候補は、持続力を活かしてハイペースを先行して好走できるタイプや、京都の外回りコースのロングスパートで3勝クラス以上を好走した実績のある馬が向いているレースだ。

GⅢ
みやこS
京都・ダ1800ｍ

穴は平坦中距離巧者！

京都Ｓが行われる京都ダ1800ｍは３コーナーにかけて約２ｍの高低差となる坂があるが、それ以外はほぼ平坦。

スタートしてから起伏の少ないコースだけに道中のペースの緩急も大きくなく、レースを通じて平均的な流れが続くレースだ。

この流れは縦長になりづらく、また前にいる馬には厳しい展開となるため、上がりの脚を持っている馬に有利。基本的に先行有利の京都ではあるが、重賞クラスのレースでは道中が緩まないために、後方から差し届くというメカニズムだ。

このレースに関しては先行有利という前提を置いておいて、差し・追い込み馬を穴馬の本命候補としてチョイスしておきたい。

なかでも持続力距離の1400ｍで差して好走実績のある馬は、スピード、瞬発力ともに申し分なく、本命候補にぴったり。距離不安を感じるだろうが、1400ｍの速い流れを差し込むことができていれば、1800ｍでも走り切るスタミナはある。よくローカル1700ｍのレースでで1400ｍ好走馬が穴をあけているのと同じ原理だ。

また人気に関して言えば、このレース自体"先行有利"という前提が崩れるレースだけに、上位人気の信頼度はさほど高くない。人気馬の本命候補も速い上がりを使える馬ということで良いのではない

か。穴馬の本命候補との差をつけるならば、こちらは中距離実績、もっと言えば、スピードの出る平坦コース、京都、小倉、新潟の中距離を差して好走した実績のある馬を狙う。

◎キングズガード（17年3人気3着）

一方、人気馬の本命◎キングズガードはこれまで1400mを中心に実績を残してきたが、持続力を要する1400mで好走できるなら、1700m（この夏に1400m巧者がたくさん穴をあけたのを覚えている方も多いだろう）、1800mは難なくこなせる。◎キングズガードにとってはむしろ追走もラクで、おそらく中団より前での競馬になるはず。それでも追走に無理しないぶん瞬発力が鈍ることはない。差しの届きやすいコースで、さらに先行馬も多いという同馬の瞬発力が活きる流れが見込まれるだけに、順当ならこの馬だろう。

◎キングズガード（19年10人気2着）

京都ダートを得意とする実力馬インティが出走してくる。2ターンで道中は平均ペースで進みやすいコース形態だけに同馬のスピードが活きてくるだろう。その流れに対応するには短距離で通用するほどのスピードとみて、◎キングズガードを推す。距離を一気に延長した前走でも上位に推したが、17年のこのレースでも好走しているように（中距離で）ペースが遅くなっても後方で折り合える馬で、末脚の破壊力はこの距離でも衰えなし。陣営、鞍上も前走を善戦したことで改めて距離がもつのはわかったはず。じっくりと脚を溜める競馬に徹すれば好走が期待できる。

G Ⅲ
武蔵野S
東京・ダ1600m

厳しい流れで波乱決着も！

東京ダ1600mは向正面が長いこともあって各馬のポジションが定まりやすく、また、最後の直線に余力を残しておくためにダート戦にしては道中のペースが緩みやすい。

しかしこの武蔵野SはチャンピオンズSを睨んだ前哨戦で、さらにJRAで唯一のダートマイルが舞台ということで出走馬のレベルが高くなりがち。結果、道中のペースは緩まずにハイペースになることが多く、思わぬ人気薄の差し込みによって波乱の決着が目立つレースだ。

実際、15〜19年の近5年において単勝6番人気以下で馬券に絡んだ9頭のうち5頭が差し・追い込み馬となっている。ただ、馬券に絡んだ15頭全体を見渡すと、逃げ馬以外（人気・穴馬を通じて逃げ馬が馬券に絡んだのは脚抜きの良かった18年のタガノトネールだけ）は位置取りによって結果に大きな偏りがあるわけではない。穴馬の本命候補を差し・追い込み馬から選ぶのであれば、人気馬の本命候補は先行、中団からの競馬ができてメンバー中上位の上がりを使える馬がオススメ。速い上がりが結果に直結するレースではないが、先行して脚を使えるという持続力はやはり大きな武器だ。

それ以外で本命候補を選ぶチェックポイントは、JRAで唯一の特殊

なコースだけあって、東京ダ1600mで好走した実績のある馬。できれば勝利実績、最低でも連対実績はほしいところだ。さらに前走で3着以内に好走していること。このふたつが大前提。

前走に関しては地方交流重賞か1400mを使って惜敗していた馬は人気の盲点になりやすく、穴馬の本命として狙いやすい。

◎タガノトネール（15年5人気2着）

東京ダ1600mで行われる武蔵野S。1600m戦ということもあって本来は（ダート戦にしては）緩急のつく競馬になりやすく、急加速に対応できる瞬発力タイプを狙うのが定石だが、この武蔵野Sは例外。この路線のトップホースたちが一堂に会することが多いために非常に締まったレースになりやすく、澱みのない流れの持続力勝負になりやすいのだ。実際、過去10年の結果を見ても、人気薄（6番人気以下）で連対した馬はすべて1400m戦を勝っている……というより、むしろ1400m巧者といったほうがいいか。1400m戦特有の澱みのない流れで強い競馬を見せるタイプが穴をあけているのだ。

◎タガノトネールは、揉まれずに先行できる外枠を引いたのは大きなプラス。同馬は1400mの厳しい流れを先行から押し切るのを得意とする典型的な持続力タイプの馬で、特に4走前のプロキオンS（中京ダ1400m）では先日のJBCスプリントを圧勝したコーリンベリーが作り出したハイペースを前で受ける強気の競馬をしながら4着に粘る充実ぶり。初のマイル戦となった前走もハイペースで逃げながらもベストウォーリアの2着に粘っており、距離の不安はない。締まった流れになるこのレースなら勝ち負けまで期待できる。

GⅡ

デイリー杯2歳S

京都・芝1600m外

もはや重賞レベルにない…… Part2

京都芝1600m外で行われるGⅡで、朝日杯FSの前哨戦。GⅠの前哨戦という立ち位置ながら出走頭数は毎年10頭前後、出走馬のレベルも高いとは言い難く、京王杯2歳S同様にGⅡの格を付すには物足りないレースとなっている。

自ずとレースレベルも低くなっており、レースの流れにおいても京王杯2歳Sと同じ超スローからの上がり勝負一辺倒。こちらもそれ以外に特筆すべきことはない。

前走で最速上がり、もしくは2位の上がりをマークしている馬を狙うだけで、これだけスローだけに位置取りも気にする必要はない。たとえ前走で後方からレースを進めていたとしても、このスローでは前につけられる馬も多い。

京王杯2歳S同様、あえて穴馬の本命を選ぶならば先行馬だが、速い上がりを封じ込めるだけの能力のある先行馬の出走自体が考えづらく、わざわざ無理をして穴狙いに走るレースではない。

なお、阪神芝1600mで行われる20年もほぼ傾向は変わらずスロー→瞬発力勝負。多少道中が流れる可能性はあるが、基本的な狙いは同じだ。

福島記念

福島・芝2000m

ローカル2000mのド定番狙い！

ひと昔前の秋の福島芝コースは、ひと雨降れば馬場の内側はすぐに
傷み、雨が続こうものなら極端な外差し馬場となっていた。それは
それで非常にスリリングな競馬が展開されていたが、今は芝の改良、
馬場管理技術が向上し、ちょっとやそっとの雨では外差しまで移行
しなくなってきた。

その影響で好走馬の質も変化。道中の流れはローカル小回りの
2000m重賞らしい急流になりつつも、前が止まらない馬場で好走
馬は先行馬が多数を占める。基本的に差し馬はヒモまで、人気馬の
本命候補、穴馬の本命候補ともに先行馬狙いで良い。

またGⅠ時期の裏開催だけに一線級の馬の出走はなく、ローカル巧
者が狙ってくるレース。それがちゃんと人気をしてしまうだけに、
人気の先行馬が普通に勝ってしまうことも多い。あえて人気馬・穴
馬の本命馬とも人気サイドの先行馬に寄せて、ヒモ荒れを狙うとい
う戦略がしっくりくるレースだ。本命に推したいのは前走重賞組で、
小回りローカル2000m重賞の狙いとなりやすい長く脚を使える先
行馬。切れないがバテないロングスパートタイプが走ってきやすく、
前走オールカマーで先行した馬の巻き返しはイメージにぴったり
だ。

GI
エリザベス女王杯
京都・芝2200m

ほかの牝馬限定重賞とは分けて考える！

エリザベス女王杯を予想するにあたって、最初にすべきことは18、19年の結果を忘れること。この2年に共通するのはクロコスミアが後続を離して逃げたという点で、しかも後続を離しながらもスローだったというのが肝。結果、スローの上がり勝負という流れになって、上がり33秒台を繰り出した馬が上位に走ってくることになった。

これは本来のエリザベス女王杯の流れではない。

ここまで何レースも牝馬限定重賞について解説をしてきて、そのほとんどがスローからの上がり勝負、瞬発力勝負と書いてきた。それが牝馬限定重賞の定番で、終いにどれだけ切れるか、速い上がりを出せるかというのが求められるレースが多い。

ただし、本来のエリザベス女王杯は牝馬限定戦のなかではかなり異なる適性を求められるレースで、その本質は持続力勝負だ。

エリザベス女王杯はたしかに道中はスローで流れやすいのだが、外回りの3コーナー半ばから始まる下り坂で加速し、そのままゴールへ向かって長い脚を使うという展開がデフォルト。

だから（ほかの牝馬限定重賞と求められる適性が違うから）こそ、近5年の勝ち馬もGI初制覇がエリザベス女王杯という馬が多く、

それまでの牝馬GI惜敗組の巻き返しレースなのだ。15年マリアライトも、16年クイーンズリングも、17年モズカッチャンもそう。
しかしクロコスミアが走った18年はリスグラシュー。この馬もGI初制覇だったが、これは合わない流れをねじ伏せた同馬の能力の高さゆえの勝利。のちの活躍からも能力が抜けていたのは明らかだろう。そして19年は阪神JFを勝っているラッキーライラックで、牝馬重賞らしい瞬発力レースを制した馬だ。

要するになにが言いたいのかというと、牝馬クラシックで勝ち負けするような馬は合わないということ。

瞬発力レースの桜花賞、オークスに対して、エリザベス女王杯は持続力レース。これを頭に入れておいていただきたい。

馬は強すぎるが、モデルタイプは18年のリスグラシューで、瞬発力レースの阪神JF、桜花賞で2着に負け、さらにオークスは5着。ヴィクトリアマイルも2着に負けている。その一方で持続力が要求される宝塚記念、そして有馬記念では牡馬相手にグランプリ制覇を果たした。

これが人気馬の本命候補で、瞬発力勝負の牝馬クラシックを切れ負けしている馬、牝馬限定重賞では2、3着が多い馬というのがオススメだ。もちろんリスグラシューほど強い馬でなくてもいい。クラシックで好走し、その後の牝馬限定重賞も勝ちきれないくらいで十分に狙える。

一方の穴馬の本命は、エリザベス女王杯と同じ方向性の適性が求められるフローラSの連対馬、また各牝馬GIのトライアル戦で掲示板前後に負けている馬がオススメだ。

GⅢ
東スポ杯2歳S
東京・芝1800m

堅い！

京王杯2歳S、デイリー杯2歳Sと違って、東スポ杯2歳Sはしっかりとクラシックに繋がるレース。こちらをGⅡにすればいいのに。……というのはさておき、このレースも2歳重賞らしいスローからの上がり勝負になるのだが、中距離適性を試す、あるいは関東への輸送にチャレンジ、もちろん早めに賞金を確保などの思惑でレベルの高い馬が集まり、自ずとレースレベルも上がっている。

ただし、そういう性質のレースだけに馬券的に妙味があるかというとそれは別問題で、個人的には馬券よりも先を占う意味で"見る"レースとなってしまっているが。

キャリアの浅い2歳の中距離戦、しかもスローペースとなるだけに、折り合えることは大前提。そのうえで、前走、阪神、京都、東京の芝1800mでメンバー中1、2位の上がりで勝っていれば人気馬の本命候補となる。複数頭いるだろうが、先行していればなお良し。そのほかレース展開、相手関係をもとに絞っていけばOKだ。

一方の穴馬の本命候補は、こう言っては身も蓋もないが、良血ではない馬。上がり最速云々は人気馬の本命候補と同じだが、この時期は良血でないというだけで人気の盲点になるので狙い目だ。

マイルCS

京都・芝1600m外

阪神施行は安田記念とのリンクに注意！

20年11月より京都競馬場は大規模改修工事に入るが、本来の施行コースということで、まずは京都芝1600m外バージョンの話から。京都芝1600mは向正面半ばからゆるやかな上りになっていることもあって、同じマイルGIの安田記念より道中が緩む傾向にある。ただし、3コーナー過ぎからの下りもあって、瞬発力勝負とはいえども単純な3ハロンの上がりではない点に注意。好走馬に脚の使いどころを知っている京都外回り巧者が多いのもこれが理由だ。安田記念上位組を軽視、京都芝外回りの1400〜1800mに実績がある、上がりの速い馬を狙うのが基本となる。

京都改修後については想像するしかないが、路盤工事も行うということで、おそらく中山改修時と同様にクッションの効いたパワーを要する馬場になると思われる。改修後1〜2年は以前の京都よりも差しが効くはずで、高速前残りの安田記念で差し届かなかった馬が狙い目となると予測する。また、阪神芝1600mで行われる20年（21年以降は未定）は、京都とは逆に向正面から緩やかな下りになるため、道中のペースは安田記念に近いものになるはず。安田記念好走馬がそのまま走ってくる可能性が高いとみた。

GⅢ
京都2歳S
京都・芝2000m

阪神施行でホープフルSに直結か!?

京都内回りの2000m重賞ということで個人的には秋華賞のような厳しい流れを期待したいのだが、さすがに2歳戦だけあってそうはならない。京都芝のほかの2歳重賞と同じようにスローペースが基本、出走メンバーによっては超スローまであり得るレースだ。内回りをこなす器用さが必要とされ、同コース、ローカル、中山内回りの1800m以上のレースを勝っていると安心。さらにそこで1〜2の上がりをマークしていれば本命候補としての資格は十分だ。

ただ、20年（20年以降は未定）は阪神芝2000mで行われるため、京都より道中のペースが緩まず、また最後の直線の急坂もあることから2歳戦らしからぬタフなレースになる可能性がある。

長い競馬ファンの方は13年まで行われていたラジオNIKKEI杯2歳S（阪神芝2000m）を思い出すとイメージしやすいかもしれない。上がり33秒台で新馬、未勝利を勝ち上がってきた馬は2、3着まで。上がりのかかる競馬を勝ってきた馬を1着に据える馬券が良い。本命候補はそのタイプで、札幌2歳Sの好走馬、同コース勝ち馬、そのほか京都、東京で勝ち上がりまでに2〜3戦要した馬も人気になりづらく狙いやすい。暮れのホープフルSにもリンクするだろう。

ジャパンC

東京・芝2400m

内枠、先行のスピード持続馬で決まり！

ジャパンCに関しては、過去の予想（馬場）の変遷をご覧いただくのがわかりやすいと判断してこのような体裁にさせていただいた。このレースのポイントは「内有利の高速馬場」。特にここ2年はとにかく前が止まらない馬場となっている。東京芝2400mのGIだけに瞬発力も必要だが、今の馬場ではむしろ持続力重視で良い。それを端的に表しているのが、近5年で1枠1番の馬がすべて先行して3勝、2着1回、3着1回という事実。内枠に入った東京のGIで先行して好走した実績のある馬がわかりやすい狙い目となる。穴馬の本命候補も同様のタイプで、こちらは臨戦過程、あるいは実績的に勝ち切っていないなど人気を落とす要素があれば、その馬を狙う。

◎ラストインパクト（15年7番人気2着）

ジャパンCに向けてという意味で、最も注目したいのは6走前の金鯱賞（中京芝2000m）。非常に直線が長く起伏も激しい中京芝コースだが、澱みのないペースで流れた金鯱賞はかなりタフな競馬となった。◎ラストインパクトはその流れを中団で受けると、そこからさらに脚を伸ばして完勝。中京のパワーを要する馬場で瞬時にトップスピードに乗れる資質は、今の雨の影響もある、クッション性を高めたパワーを要する東京芝コース

で弾けることのできる希有な能力だ。また、いままでの競馬を見てもわかるように、スローでもハイペースでもお構いなしに伸びてくるのもスロー→急加速という流れになりやすいジャパンC向き。鞍上を飛躍的に強化した今回は同馬の資質をフルに発揮でき、勝ち負けまで期待できる。

◎シュヴァルグラン（17年5番人気1着）

◎シュヴァルグランは、昨年のジャパンCで3着に好走。東京芝2400mへはそのジャパンCが唯一の出走となるが、中〜超距離に出走したレースのほとんどでメンバー中上位の上がりをマークしているように、緩やかな流れから徐々に加速、さらにその脚を長く持続させる資質に恵まれており、その走りからも東京芝2400mはベストコースと断言する。今年は思惑通りの京都大賞典からの余裕のあるローテーションで、しかも最内枠をゲット。いつものように先行策からロスのない競馬で勝ち負けまで見込める。

◎アーモンドアイ、◎キセキ（18年1番人気1着、4番人気2着）

人気馬の本命◎アーモンドアイに逆らえるような馬は現時点でいないと見る。とにかく過去に見せたパフォーマンスが抜け過ぎている。中間の調教も前走をひと叩きされて上昇しており、状態面に関しても不安は一切ない。いまの東京芝コースの高速馬場に対応できるスピードにも恵まれている。あえて、重箱の隅を突くとすればこの馬にとっては最内枠はあまり良くないということくらいか。圧倒的1番人気で厳しいマークを受け、包まれてどうにもならないという状況は可能性としてはゼロではない。また、先週からCコースに替わった東京芝コースは明らかに内がいい。同馬は脚質的にも外を差してくる確率もゼロではなく、競馬だけに、包まれて追い出しが遅れれば差し届かずということも一応は想定しておくべき。

それも加味すると穴馬の本命は◎キセキ。一時は不振に陥ったが、今秋の毎日王冠から脚質を先行に転換して復調してきた。前走の天皇賞（秋）でさらに上昇して3着に好走。そして今回、おつりがないどころか調教から

はさらに上昇をした姿を見せている。今回も恐らく逃げるだろうが、先述したように今の東京芝コースは明らかに内有利の高速馬場で、同馬が最も恩恵を受けられる状態と言っても良い。先行して見せる同馬のスピードとその持続力は特質すべきもので、◎アーモンドアイになにかあるとすれば、最も戴冠に近いのは同馬。一発の期待はある。

◎カレンブーケドール（19年5人気1着）

土曜日の東京芝コースは不良馬場で行われたが、日曜日の朝早くには雨も上がり、天気は急速に回復していくという予報。もちろん金曜日から降り続いた雨の影響は残るだろうが、それでも今の東京芝は雨が上がった途端に一気に内から馬場が回復する傾向にあり、先週までの高速馬場とは言わないまでも、ある程度速い時計が出そうな雰囲気。また、土曜日の競馬を見ると不良馬場で定石通りに外を回す馬が多かったものの、実際に伸びているのは内。内有利の傾向は今まで通りと考えていい。

となると、人気馬の本命には◎カレンブーケドールを推したい。最内枠に入ったことで思ったよりも人気になってしまったが、前日の最終オッズで単勝8倍、5番人気なら人気馬の本命としてなら問題ないレベル。評価したのは、まずはオークス。当時も「オークス最大の惑星」と見解に書いたように高く評価していたが、同馬のスピードの持続力は素晴らしいものがある。そのオークスでは早めに抜け出し、あわやのシーンを演出したが、最も厳しい競馬をしたのは間違いなくこの馬。それでいて2着ならかなり高く評価すべき。〜中略〜今回は古馬、牡馬が相手とはいえ4キロの斤量差もあり、また内枠、同馬のスピードが活かせる馬場を味方に勝ち負けまで見込める。

GⅢ
京阪杯
京都・芝1200ｍ

京都スプリント重賞定番のスロー！

スローペースでお馴染みの京都芝1200m重賞。スプリント重賞で後半３ハロンのほうが速い後継ラップというのはあまりお目にかかれないが、このレースはほぼ後継ラップとなる。

スローペースのスプリント戦ということで、当然ながら先行馬に有利な展開となりやすく、同コースや道中が緩みやすい東京芝1400mで先行して好走実績のある馬が狙い目。反対に中山芝1200mで強いタイプは人気になりやすいが、テンから飛ばして向正面の上り坂で消耗、最後の直線タレてしまうので要注意だ。19年のモズスーパーフレアがその好例（１人気８着）。

先行馬が強いと思えば、人気薄の穴馬の本命候補は中団前めで競馬ができるタイプ。反対に差し馬が強そうな場合は、先行馬を穴馬の本命候補という、当たり前の出し入れで十分に対策できる。

とにかくスローの1200m巧者を見つけるのがこのレースのコツだ。ただ、阪神芝1200mで行われる20年は、中山芝1200mに近い前傾ラップとなり、また馬場が荒れていることを想定すると、オーシャンＳで差し届かなかった馬、スプリンターズＳを掲示板程度に走った馬、ＣＢＣ賞好走馬あたりの前傾ラップに強い馬が本命候補となる。タフな流れの差し決着も視野にいれておきたい。

GⅡ
ステイヤーズS
中山・芝3600m

リピーター、Lスパート実績馬を狙う！

JRA最長距離の重賞で、スタンド前の坂下から内回りコースをまるっと2周するレイアウトで、当然ながら道中は超スロー。各馬折り合いに専念する流れで、レースが動き始めるのは2周目の向正面から。徐々にペースアップし、3コーナー過ぎには各馬追い出しにかかるロングスパート合戦となる。このようにスタミナがあり、さらに長く脚を使える馬が狙い目だが、その馬はおそらくすでに人気になっているはず。また、特殊なレースだけに、リピーターもよく走ってくるが、これもおそらく人気。というよりも、基本的に実績重視のレースなので、人気馬同士の決着が非常に多いのだ。

そこで穴馬の本命候補の狙い目がこちら。

開催日程的にアルゼンチン共和国杯組の出走が多いのだが、アルゼンチン共和国杯は2500mという距離にしてはスローペースからの瞬発力勝負になりやすく、そこで3〜5着に負けている馬がオススメ。反対に速い上がりで勝ち切っていると瞬発力タイプで、ステイヤーズSで求められるロングスパートには耐えられないので、こちらを消す。この出し入れとリピーター、ロングスパート実績馬の組み合わせで攻めるレースだ。そのほか、同じくロングスパートが要求される京都外回りの長距離（2200m以上）好走組も狙って面白い。

GⅢ
チャレンジC
阪神・芝2000m

穴馬の本命候補は3歳馬から！

スタンド前の坂下からのスタートで、そのまま内回りコースを1周するレイアウトで、最初のコーナーまでの距離はそれなりにあるものの坂の影響か、前半はスローで流れやすい。

となると、内回りの2000m重賞ではよくあるレース後半から徐々にペースアップする流れで、速い上がりも有効だが、純粋に3ハロンの上がりではなく4ハロンの上がり重視。瞬発力よりも持続力を優先すべきレースだ。

本来は9月開催以来の高速馬場だけに前残りを狙いたいところだが、20年は連続開催中。もともと急坂の影響で開幕週のわりに差しが届くレースではあったが、さらにその傾向が強まると見ている。

また、春の鳴尾記念と同舞台だが、鳴尾記念は宝塚記念の前哨戦、こちらはGⅠの谷間という立ち位置の違いもあって鳴尾記念のほうが厳しいペースになりがち。鳴尾記念で善戦してきた馬は引き続き狙いたい。

穴馬の本命候補には3歳馬。秋を迎えて力をつけてくる時期というのもあるのか、斤量差を活かした好走に注意。特に菊花賞組は適距離に戻ることもあって、巻き返しが多い。菊花賞惨敗でもこのレースでは息を吹き返すので穴馬として面白い存在だ。

GI
チャンピオンズC
中京・ダ1800m

先行有利を前提に、差し馬をどう取り入れるか

中京ダ1800mは先行有利で有名なコースだが、GIのチャンピオンズCは出走馬のレベルの高さから道中が緩みづらく、また末脚が鋭い馬も多いため、差しにも警戒が必要。差してくるタイプは、直線一気タイプ。ちょっと前ならサウンドトゥルー、最近ではヴェンジェンス、ウェスタールンド、キングズガード的な馬。こういったイチかバチかの一発狙いの馬はヒモ穴として面白い。

このレースの攻略は、下記の見解のまま。要は先行有利の馬場でどう戦うかということ。これに追記するならば、先行馬にとっては内枠有利だが、出遅れグセのある馬、差し馬は外から押し込められて必要以上にポジションを下げる可能性があるということ。出遅れ経験のある先行馬は特に注意が必要だ。

◎サンライズソア（18年3番人気3着）

近年のチャンピオンズCでは鮮やかな差し切り勝ちが決まるため、差し有利とする向きも多いが、本来、中京ダ1800mは先行有利のコース。

このコースは坂の途中からスタートし、1ハロンほどで1コーナーに差し掛かる。そのまま2コーナー半ばまでほぼ平坦で、向こう正面の真ん中あたりまで上り坂。つまりスタートからスピードがつかないまますぐコーナー。さらに上り坂もあって前半のペースが緩む。そこからは下りになっ

てペースが上がるものの、先行馬には前半の貯金もあり、またすぐに３、
４コーナーを迎えるために先行馬にとっては息が入りやすい。

一方、差し・追い込み馬は前との差を詰めたいところでスピードの乗らな
いコーナーに入ってしまい、差が詰められないまま直線を迎えることにな
る。その結果、前が残るというメカニズムだ。

もちろんペース次第のところもあれば、直線の急坂で先行馬の脚が止まる
というケースもあって、新潟ダ１８００ｍほど圧倒的ではないが、それでも
先行有利のコースには違いない。

チャンピオンズＣはレースレベルが高く、向正面でペースが緩まないとい
う一面はあるにせよ、近年はコパノリッキーらマークすべき先行馬の出走
が多く、早めに仕掛けられたところへ直線一気が決まるという構図。その
苦しいペースでも毎年逃げ・先行馬が残っており、去年も２、３着に逃げ・
先行馬が好走した。それもまた先行有利の証明なのだが、今年は先行馬と
差し馬のパワー（人気の）バランスはやや後ろがかりとなった印象。より、
先行有利の展開になると見た。

そこで穴馬の本命は◎サンライズソア。もともとスピードの持続力に秀で
たタイプではあったが、前々走、前走は圧巻の競馬ぶり。ともに３着と最
後は差されてしまったとはいえ、早め早めに後続馬が押し寄せてくるかな
り厳しいペースを最後まで抵抗して小差に粘っている。先述したように例
年以上に先行有利の展開が期待だけるだけに、巻き返しが期待できる。

中日新聞杯

中京・芝2000m

格上レース出走馬、距離短縮馬狙い！

詳しいコース形態、適性は下記の見解に譲るが、中京芝2000mは実際の距離以上にタフなコースとなっている。ハンデ戦ながら格上のGⅠ、GⅡで走っていた馬が良績を挙げているのも、このタフさゆえ。エンジンの掛かりの遅い馬、ズブさ全開の馬でも差し届く。タイプ的には阪神芝2200m好走馬。2000mより長めの内回り巧者が良い。

> **◎サトノガーネット（19年8番人気1着）**
> 中京芝2000mはパワーを要する馬場で最後には急坂。さらに急坂を上がってからも1ハロンほど走らなければならず、ローカル2000mという字面以上にタフなコースと言える。長い直線ゆえに瞬発力が必要と思われがちだが、一瞬の加速では途中で脚が上がってしまい、最後までもたない。必要なのはズブくても追ってバテない息の長い末脚。東京や阪神の外回りコースで切れ負けしている馬、エンジンの掛かりが遅く、伸びてきた時には態勢が決していたような馬が穴馬としては狙い目となる。そこで穴馬の本命は◎サトノガーネット。同馬はオープンに昇級以降はどのレースもメンバー中2位の上がりをマーク。これがいい。エンジンのかかりが遅く、近走で走っている東京、京都の直線でも最速上がりには届かずだが、ここ中京なら最速上がりも可能で、ハンデの53キロなら他馬を差し切る可能性は十分。

GⅢ

カペラS

中山・ダ1200m

持続力一択！ 巧者を狙え！

カペラSは中山ダ1200mで行われる唯一の重賞。……もっとあれ
ばいいのに。中山ダ1200mは2コーナー奥の引き込み線からの芝
発走のレース。ダッシュのつきやすい芝スタートに加え、向正面は
ほぼ下り坂となっているため、テンの3ハロンは33秒台という芝
並みの速さとなることもしばしば。JRAのダートコースのなかで最
もハイペースになりやすいという認識でOKだ。

当然ながら極端な前傾ラップで、差し・追い込み馬に有利。ただし、
先行馬がまったくダメというわけではなく、コース実績をチェック
しておきたい。これだけタフ＆特殊なコースだけに中山巧者、そ
して前走で地方交流重賞を走った組が狙いやすい。裏を返せば京都
ダートなど緩い流れのダートを負けている馬の巻き返しも狙える。
外国産馬ががよく走ってくるのもこのコースの特徴だ。

◎**スノードラゴン（16年8人気2着）**
◎スノードラゴンは差し、追い込みを得意としているが、上位に進出して
くるのは他馬が伸び切れないペースのとき。前が飛ばしまくって最後に台
頭してくるのではなく、たとえばスプリンターズSのようにレース全体が
締まったハイペースになるレースできっちり伸びてくるタイプだ。まさに持
続力が要求される中山向きで、実際に中山ダートは【5 2 1 1】と抜群の
成績を残している。

阪神JF

阪神・芝1600m

持続力一択！　巧者を狙え！

阪神芝1600mで行われる２歳牝馬限定ＧＩ。この条件とくれば、展開はスローからの瞬発力勝負なのだが、２歳戦だけあって1200m、1400mをスピードに任せて勝ってきた馬も出走してくるため、序盤は意外と速いペースで流れる。結果、タテ長の展開になりがちで、瞬発力のある差し・追い込み馬がより走りやすい展開となっている。

人気馬の本命候補は同様の瞬発力勝負となるサウジアラビアRC、アルテミスＳ、アイビーＳをメンバー中３位以内の上がりで好走した馬。秋の東京の高速馬場に対応した実績は非常に大きなアドバンテージとなり、その経験が同じく高速、瞬発力勝負の阪神マイルで活かされる形だ。人気馬で一点注意すべきなのは新潟２歳Ｓの好走馬。速い上がりが目立つため人気に推されやすいが、"夏の新潟の馬場は特殊"だと思い込んで、印を軽くする方向で考えたい。

一方、穴馬の本命は、人気馬の本命とは反対の先行馬が狙いやすいが、過度な穴狙いは禁物。人気になりやすい瞬発力に優れた馬が上位に走ってきやすいレースなので、ヒモに先行馬を充てるという扱いが無難。大振りせずに、きっちり的中することを第一に考えたい。

◎ウインファビラス（15年10人気2着）

◎ウインファビラスは、新潟2歳Sでの競馬ぶりが同馬の能力の高さを見せつけるものだった。スローペースのなか折り合いに専念しつつ前につけると、勝負どころで一気に加速。勝ったロードクエストは別格だとして、他馬よりも速い仕掛けから新潟の長い直線を最後まで伸び切った。スローペースからの急加速、そしてそのスピードを維持するというレースの流れは、今回の阪神JFと同じで、そういう競馬を経験している強みは必ず活きてくる。前走のアルテミスSは久々のぶんか、追い出されてからの反応があまりよくなかったが、ひと叩きされた今回は調教からも上積みが感じられ、新潟2歳Sのようにスッと加速できるはず。今の阪神芝コースは力を要する馬場で、内のほうが伸びている。外めの枠には入ったが、前につけても、中団からでも競馬ができる自在性は今の阪神では非常に有利。前走からの巻き返しは十分可能だ。

◎クラヴァシュドール（19年3番人気3着）

◎クラヴァシュドールは新馬、前走のサウジアラビアRCともに好位から脚を伸ばして好走しており、特に前走は来週の朝日杯FSで勝ち負けになるサリオスに食い下がってみせた。結果的に完敗したが、好位から加速し、メンバー中最速の上がりを使えているのは評価すべき点だ。仮に◎リアアメリアが出走していなければ、好位から早めに抜け出す競馬で同馬が1〜2馬身差で圧勝していてもおかしくない。阪神JFを勝つのに必要なマイル実績、瞬発力、早熟性（は◎リアアメリアのほうが優っているが）を兼ね備えており、勝つためには◎リアアメリアより前の位置で早めに出し抜けを図るという一点突破になるが、可能性はある。

ターコイズS

中山・芝1600m

とことん穴狙い！

牝馬限定重賞といえばスローからの瞬発力勝負がここまでの定番
だったが、ターコイズSは話が別。道中が緩まず、ハイペースにな
りやすい中山芝1600mにあっては、さすがに瞬発力勝負とはなら
ない。言い換えれば、これまで瞬発力勝負の牝馬限定重賞で好走し
てきた馬たちには適性が合わず、惜敗していた組にチャンスが巡っ
てくるということ。この差を突いて好配当を狙いたいレースだ。

このレースに必要なのは近走成績が悪い馬でも積極的に狙っていけ
る思い切りの良さと、冒頭に書いた牝馬限定重賞の出し入れ。思い
切りの良さはお任せするとして、このレースと同じカテゴリー（持
続力勝負）に属する、愛知杯、フィリーズレビュー、フローラS、
エリザベス女王杯、そして過去のターコイズSの好走馬を狙うこ
と。これに牡馬相手の1400m巧者、同じく牡馬相手の同コース重
賞（ダービー卿CT など）の好走馬までチェックすればOK。メン
バー的にスローペースになりそうならめっけもので、逃げ・先行馬
狙いより高配当となる公算が高い（スローでも道中から加速するた
め、瞬発力タイプは差し届かない可能性が高い）。このレースでは
5年、10年に一度、10万円クラスの馬券が当たれば儲けものとい
うスタンスで臨むくらいがちょうど良い。穴狙いを徹底したい。

GI
朝日杯FS
阪神・芝1600m

瞬発タイプ＆持続力タイプの二頭流！

前週の阪神JFと同舞台で行われるGI。こちらは牡馬が主体となるだけに阪神JFほどのスロー、瞬発力勝負にはならない。2歳戦だけあって道中のペースは緩みがちだが、レース序盤はある程度流れることが多く、これが阪神JFとの違い。これによってスロー→一瞬の切れ勝負に徹してきた馬は追走で手一杯になりがちで、速い流れを経験している馬のほうが安心感はある。これが人気馬の本命候補。

穴馬の本命候補は持続力タイプ。レース全体を通してスローというわけではないので、穴馬候補の持続力タイプでも最後まで粘ることができるというメカニズムを利用する（この手のタイプは瞬発力に欠けるので、レース全体を通してスローだと切れ負けする）。1400mで先行して勝っている馬や、スローになりやすい2歳重賞だけに先行して切れ負けしている馬が狙い目となる。

狙い方としては下記の見解のように、穴馬の本命候補に持続力に長けた馬、人気馬の本命候補に瞬発力に長けた馬をチョイスするという二頭流で攻めたい。

◎サトノアレス、◎ボンセルヴィーソ（16年6人気1着、12人気3着）

◎ボンセルヴィーソの人気がまったくないのが不思議だが、今年のメンバーレベルであれば十分勝ち負けになる存在だ。同馬が秀逸だったのはいくつかあるが、まずは3走前。今回と同じ阪神芝1600ｍで4着に負けた未勝利戦だ。このレースは道悪で今の阪神以上に力の要る馬場で、しかも直線半ばまで前が壁になってまったく追えなかったという不利もあった。それでいて開いた瞬間に、あのパワフル馬場のなかしぶとく脚を伸ばしたのは高く評価できる。また、前走のデイリー杯にしても最後は切れ負けして2着に終わったが、先週の阪神JFで4着に好走したディーパワンサを完全に封じ込めた。朝日杯FSは阪神JFよりもメンバー的にかなり落ちるという見立てで、◎ボンセヴィーソの先行力、持続力を活かせるレースで、さらに有利な内枠スタートと条件がそろったここは好走が期待できる。

人気馬の本命◎サトノアレスは、瞬発力がすさまじい。朝日杯FSで（特に人気馬にとって）重要なのは瞬発力で、阪神マイルでいかに瞬時に加速できるかという争いになることが多い（ちなみに人気薄の場合は、持続力を活かしていかに粘れるか、他馬がバテたときに脚を伸ばせるかという資質が求められる）。同馬は前走のベゴニア賞でメンバー中最速の上がりをマーク。かなりスローな展開で、後方に位置していたが、直線のヨーイドンで一気にトップスピードに乗り、他馬を置き去りにした。内枠に短距離を先行して勝ってきた馬が多く、また人気の△ミスエルテも含め、かかって行ってしまいそうなタイプもいる。◎サトノアレスにとっては展開利も見込め、勝ち負けまで期待できる。

阪神C

GⅡ

阪神・芝1400m

一貫して持続力タイプを狙い続ける！

暮れの阪神の名物レース。

スプリント路線、マイル路線、1400m巧者と様々なメンバーが集まるが、狙いは一貫して持続力に長けたタイプ。そもそも1400mという距離自体がワンペースながら厳しいラップが続くレースになりやすく、ペースの緩急を突いて差してくる瞬発力タイプにとっては向かない距離（東京芝1400m、京都芝1400m外を除く）。下記の2年の見解のような持続力先行タイプを狙えば、自ずと的中に近づけるレースだ。

下記の見解では触れていないが、人気馬の本命に関しても持続力タイプ、1400m巧者を狙うべきで、わりと荒れがちなレースだが、余計な小細工なしで獲れるレースだ。

人気馬の本命候補をさらに絞ると、同レースのリピーター、安田記念・マイルCSで先行して善戦した馬（差して勝ち切った馬は危ない）、東京・京都芝1400m外以外の1400m重賞を好走した実績のある馬といったところか。基本は1400m巧者で、レベルの高いレースを持続力でもって好走した実績のある馬ということだ。

なお、18年と19年で見解の順序を入れ替えたが、これはレースの

性質をわかりやすくするための措置なのでご了承願いたい。また、18年の見解はレースではなく◎ダイアナヘイローについて書いているように思えるだろうが、この見解で言及したテンの遅さがこのレースのポイントでもある。

テンの速さがやや足りない馬でも前につけられるのが阪神芝1400mで、この手のタイプは他コースで前に行けずに（自分の競馬ができずに）惨敗している可能性が高い。そういう馬の巻き返しが期待できるということだ。

20年の阪神Cは京都改修による連続使用で、馬場が相当荒れている可能性が高い。例年通りに先行馬を狙うと、脚が止まる可能性もあるので、前週、当日の馬場傾向をチェックしたうえで先行馬を狙うのか、差し馬を狙うのかを決めたい。差し馬を狙う場合はスプリンターズS、マイルCSで差して4〜8着くらいの中途半端な着順で終わっている馬。前が残りやすいスプリンターズSで差し届かなかった馬。瞬発力勝負のマイルCSで切れ負けした馬というイメージだ。

◎メイショウショウブ（19年10人気3着）

芝・ダを問わず1400m（東京芝1400m、京都芝1400m外は除く）は速めのワンペースになりやすい距離で、速いラップを持続させる能力が求められる。瞬発力は必要ないとまでは言わないが（もちろん流れ次第で必要になるケースはある）、スタートから飛ばしてゴールまで粘り切るというダート的な資質が要求されるのがこの距離の特徴だ。ゆえにダート短距離に実績のある馬がしばしば穴をあける（ただし完全なダート馬ではスピード不足）。特に今回のメンバー構成はハイペース必至。道中は澱みの

ない厳しいペースが続く。そこで穴馬の本命には◎メイショウショウブを推す。芝では１４００ｍを走ったことがないものの、重賞で好走したマイル戦（デイリー杯２歳Ｓ、ニュージーランドＴ）の２走は先行策から早めに仕掛けてともに２着。要は切れ負けしているわけだが、これこそ１４００ｍへの適性の証でもあり、むしろ瞬発力勝負に難があるなか、２着に好走している能力の高さを評価したい。阪神ＪＦ、チューリップ賞では人気馬（＝瞬発力のある馬）に完全に切れ負けしており、マイル戦に適性があるわけではないが、それでも同じく瞬発力勝負となったローズＳでは道中で位置取りを悪くしたものの、最後は巻き返す根性も見せた。この手のタイプにとって１４００ｍはベストの条件で、ダ１４００ｍで楽勝したのも頷ける（前述したようにこのダート実績も評価できる）。脚を溜める必要なくレースが進められるのは大きなプラス材料。幸い前走を取り消した影響は調教からも感じられず、勝ち負けまで期待したい。

◎ダイアナヘイロー（18年11人気1着）

◎ダイアナヘイローは前走もそうだが、前半の自身の入りが緩やかであれば好走でき、反対に前半３ハロンが３３秒台前半だとさっぱり。レース序盤のラップで勝負が決まるタイプだ。今回と同じ阪神芝１４００ｍで行われた阪急杯を勝利した際も前半３ハロンは３４秒台だった。今回はこの距離には何が何でも行きたいタイプがおらず、他馬の前半の入りからも３３秒台は考えづらい。さらに土曜日の阪神競馬場は雨が降っており、時計がかかる馬場になるのは間違いのないところ（２走前は道悪で敗れているが鼻出血が原因。本来道悪は得意なタイプ）となれば、レースのペースは◎ダイアナヘイローの得意とするもの。さらに先週の結果を見ても明らかなように、今の阪神芝コースは内有利。展開面、馬場に恵まれたここは大駆けが期待できる。

有馬記念

中山・芝2500m

内枠、先行、持続力！

改修工事以前の有馬記念はズブズブの差し決着になることも少なくなく、スタミナ勝負、早仕掛けからの消耗戦という内容だった。ところが改修工事によって路盤が変わると、傾向が一転して前が止まらない馬場に変貌。改修工事直後の14年の有馬記念でジェンティルドンナが先行、速い上がりで抜け出して勝ち切ったのがまさにターニングポイント。

18年、19年は差し決着が復活したかに見えるが、18年は稍重発表ながらレース直前に降り出した雨で重相当の馬場になったのが原因。19年は2500mではさすがに"ない"アエロリットが先手を奪い、アーモンドアイの早仕掛けによって先行馬総崩れの流れになったのが差し決着を誘引。言わばイレギュラーの2年で、今後も内枠有利、先行有利の傾向は続くとみていいだろう。

中山芝2500mは外回りコースの3コーナー手前からスタートし、4コーナーを回って内回りコースをぐるっと1周するコースレイアウト。コース形態からもロスの少ない内枠有利は明らか。先述した前が止まらないコースで先行から中団前めに付けられる馬を狙うのが定石となるが、特に中山芝1800m、2000m、2500mという内回りコースをメンバー中最速上がりで好走した実績のある馬が人気

馬の本命候補にぴったり。有馬記念自体は速い上がりが勝利に直結
するレースではないものの、中山内回りを速い上がり（＝ロングス
パート適性あり）で好走した実績は同コースへの適性の証でもある。
一方の穴馬の本命候補は中山以外のレースで先行力と持続力を見せ
ていた馬。持続力優先の京都外回りの長距離戦や東京芝2500mな
ど、瞬発力よりもトップスピードを持続するレースで先行、上位の
上がりで好走した実績のある馬が狙い目となる。もちろん中山内回
り巧者で人気がなければ、そちも推せるのは言うまでもない。

下記の見解は18年のものだが、恥ずかしながら直前の雨でタフな
流れになったことで救われた感のある予想。ただ、外枠、後方待
機組では走っても3着までですよというのをお伝えする意味と、別
路線組の狙い方の参考にはなるかもという意味で掲載させていただ
く。

◎シュヴァルグラン（18年8人気3着）
同馬は昨年の有馬記念の3着馬。そのほかジャパンCや天皇賞（春）に良
績を残す能力馬で、GI好走時はいずれも瞬発力勝負ではなくロングスパー
トが要求される展開だった。たとえばジャパンC。一昨年3着、去年は1
着だったが、一昨年はキタサンブラックが緩い流れで引っ張り、上がりの
勝負になったレース。一方、勝った昨年は同じくキタサンブラックが引っ
張ったが、前年と違い緩まずに澱みのない流れとなったレース。そのキタ
サンブラックを早め仕掛けから捕まえにいき、息の長い末脚でレイデオロ
を封じた。天皇賞（春）に関しては言わずもがなのロングスパートコース
で、同馬の持ち味が活かせるコース。今回、△キセキが引っ張る平均～速
めペースからのロングスパートは同馬にはベストの流れと言えよう。

GI
ホープフルS
中山・芝2000m

能力なくしては走れないGI！

ホープフルSは17年に2歳中距離路線の王者を決めるレースとしてGIに昇格。以降、序盤から厳しい流れ、道中スロー→後半厳しい流れ、平均ペース→後半ペースアップと展開に違いはあれど、GIの格に恥じないハイレベルなレースが続いている。

この展開の定まらなさは、キャリアの浅い2歳戦だけに致し方のないところだが、どの展開になったとしても上がりのかかるタフな消耗戦になることに変わりはない。となると、自ずと能力の高い馬が上位を占め、人気馬同士の決着が増えてしまうことになるのだが。

人気馬の本命候補は、前走で1800m以上のレースを勝っているのが大前提で、重賞なら上がり最速か2位、リステッド競走を含むオープン特別なら最速上がりの馬をチェック。

穴馬の本命候補はそれに準ずる戦歴ということで、前走で1800m以上のオープンクラスのレースを上がり2位以内、2着以内。前走が新馬、未勝利、1勝クラスなら、1800m以上、上がり最速で1着。これくらいの能力を見せていないと、このレースでは勝ち負けにならない。中山芝2000mだけに前走の上がり最速に拘らなくても……という向きもあるだろうが、GII時代はそのタイプの穴馬も多かったもののGI昇格でレベル格段に上昇。今はこの狙いがベター。

GⅢ
中山金杯
中山・芝2000ｍ

内回り定番の"切れないバテない"！

さほどレースレベルの高くないハンデのGⅢ戦ということもあって、序盤からスローで流れ、レース後半は徐々にペースアップ。ロングスパートへ繋がっていく。前半で無理をしていないぶん逃げ・先行馬に有利なレースだ。こういう展開だけに、同コースの重賞はもちろん、阪神、小回りローカル芝2000ｍの重賞で、上がり上位（メンバー中3位程度）の末脚で好走した実績のある馬は要チェック。また、荒れた馬場と後半のタフさもあって、2000ｍより長い距離でズブさを見せていた先行馬は穴馬の本命候補として推せる。いつも内回りで推している、切れないがバテないタイプだ。

下記は結果的に外れたが、この手のタイプが狙い目ということで掲載させていただいた。

> ◎ノーブルマーズ（20年10人気4着）
> ～前略～近年の競馬自体、中長距離戦はスローからの瞬発力勝負になる傾向で、スパッと切れる脚のない◎ノーブルマーズにとっては厳しい状況が続いている。ただ、後半が厳しくなる中山芝2000ｍなら同馬の持続力、スタミナを活かすチャンスは大きい。～後略～

GⅢ

京都金杯

京都・芝1600m外

人気は先行、穴は差し！

京都芝1600mの重賞ということで狙いは瞬発力タイプと思いきや、実はこのレースは先行馬狙いが正解。阪神からの開催替わり、ハンデGⅢというレースレベルで厳しい流れにならないことがその要因だろう。阪神芝1600mや新潟芝1600mの瞬発力戦、あるいは差し有利の超持続力戦となる中京で後続に差され惜敗した先行馬、中山マイル巧者が狙い目。

穴馬の本命候補はこのレースで人気を落としがちな差し馬から。

京都外回りコースでスローペースになるということは、3コーナー過ぎからの下り坂からペースアップする流れで、マイル戦ながらロングスパート寄りの末脚が要求される。中山マイルを差して好走した馬や、マイルCSで差し届かなかった馬が狙い目。ただし中京巧者は中京では差し届いても、京都マイルでは間に合わないので注意。

なお、21年以降の施行コースは現時点（20年4月末）では未定だが、阪神芝1600mなら連続開催で馬場が荒れていると予想され、外差しの瞬発力タイプが本命候補。

中京芝1600mなら中京記念の項を参照していただき、他のどのコースでも差し届かないような差し、追い込み馬をチェックする。

◎マイネルメリエンダ（15年7番人気3着）

◎マイネルメリエンダは、1600m戦で【3312】。誰が見てもマイルがベストなのだが、得意にも関わらず馬券圏外に敗れた2戦は瞬発力勝負となったレース。反対に好走しているのは、前で運んで渋太く粘れるコース、展開。特に今夏からの3戦は同馬の強みがフルに活きたレースで、4走前は息の入らない流れを強気に前で押し切り、3走前、2走前は長い直線の新潟コースを前につけて最後まで粘り切った。いずれも速い脚は使えなかったが、抜け出してから長くいい脚を使った競馬。京都金杯は、3コーナーからの下りを利用した加速で、ゴールまでその速い脚をいかに持続させるかが勝負となるレース。◎マイネルメリエンダにはもってこいのコースだ。

◎ブラックムーン、◎クルーガー（18年4人気1着、3人気2着）

◎ブラックムーンは追い込み脚質ゆえに戦績は安定せず、展開待ちのところもあるが、昨秋のマイルCSの走りを見ても離れた最後方からメンバー中最速の上がりで6着まで追い上げており、息の長い末脚の破壊力はさすがの一言。マイルCSではG1の速いペースで先頭との差はかなり開いたが、今回はメンバー的にもやや遅めのペースが予想される。道中も前との差はさほど開かずに勝負どころを迎えられる計算で、ロングスパートの差し比べなら負けることはない。13頭立てと捌きやすい頭数も歓迎材料だ。スロー→ロングスパートの京都金杯なら人気馬の本命◎クルーガーとの差し比べに持ち込めるだろう。

意外にも締まった流れで差し馬に注目！

3歳のマイル重賞だが、まだ距離経験が乏しい1200m、1400mからの参戦もあって意外と序盤は速めのペースで流れることも多い。時計や道中のラップという古馬、3歳馬の違いはあるが、全体的な展開としては京都金杯よりも締まった流れになるとみて良い。

それだけに京都金杯が先行有利だったのと対照的に、シンザン記念は差し・追い込み有利。前走で瞬発力コースの阪神芝1600mを差して好走した馬の成績が良いのも頷ける。

また、この時期の京都は雨・雪の影響で馬場が渋ることが多く、パワーを要する馬場になることもしばしば。同じく雨でパワフル馬場になる阪神の重馬場、あるいはもともとタフな中京芝コースを好走した馬をチェックしておく。

なお、21年の施行コースは未定だが、阪神芝1600mで行われる場合は、さらに差し有利の傾向に拍車がかかると予想する。中京芝1600mの場合は、この時期の3歳馬にとっては非常にタフなコースなので、差し・追い込み馬も途中で脚が上がってしまう。結果、逃げ・先行が圧倒的に有利という結果になるので、注意が必要だ。おそらく人気は差し・追い込み馬に吸われると思うので、穴馬の本命候補としても面白いだろう。

GⅢ
フェアリーS
中山・芝1600ｍ

本来の中山芝１６００ｍとの差を意識！

出走馬の大半が新馬、未勝利勝ちレベルで、波乱が起きやすいレース。ただ、20年のフェアリーＳには本来出走してはいけないレベルの能力馬が出てきており、今後は馬主クラブの使い分けに利用されるケースが目立ってくるかもしれない。そうなると途端に堅く収まるので、穴党にとっては残念の一言。ここでは願望も込めて従来の低レベル重賞としての狙いを説明していこう。

出走馬のレベルが低いがゆえに道中が速くなることはまずないと考えて良い。ただ、それでもここは中山芝1600ｍ。向正面から直線にかけての下り坂の影響もあって、スローではなく平均ペースとなりがち。さらにその平均ペースを３コーナー過ぎから徐々に、本当に徐々に加速していく形になるので、逃げ・先行馬に有利なレースとなっている。近走で出遅れ、不利などの訳ありで逃げられなかった馬、東京マイルで逃げて切れ負けした馬、中山マイル、夏の札幌芝1500ｍを好走した実績のある馬はすべからく買ってもおつりが来るようなレースだ。差し馬は本来の中山マイルはロングスパートタイプ推しだが、ペースが上がらないため一瞬の切れでも届く。東京芝1400ｍ、1600ｍを速い上がりで差し切った馬をチェックだ。

日経新春杯

京都・芝2400m

ザ・京都芝2400m。典型的な京都巧者狙い！

日経新春杯が行われる京都芝2400mは4コーナー奥のポケットからスタート。1コーナーまでの直線が非常に長くペースが上がりやすいので、序盤は平均より速めのペースで進むことになる。このレースは典型的な京都芝2400m戦というイメージで、そのまま向正面に入ると3コーナーを頂点とする坂の上りに入ってスローペースに落ち、3コーナー過ぎから下り坂を利用してペースアップ。ロングスパートでゴールへ向かうという展開だ。ザ・京都芝2400mという展開。当然狙いは京都芝2400m巧者で、それも中団からレースを進めて速い上がりをマークした実績のある馬。天皇賞（春）、菊花賞を7着程度に善戦している馬なら十分勝ち負けになる。これが人気馬の本命候補。穴馬の本命候補は、その格下版。前走で条件戦を勝ち上がってきた京都外回り巧者か、OP特別好走組となる。

21年の日経新春杯が阪神芝2400mで行われる場合は、神戸新聞杯好走馬など、京都巧者よりもちょっと瞬発力のある差し馬。京都と阪神の戦績を見比べて、阪神のほうが得意そうだなと感じる差し馬で良い。中京芝2200mで行われる場合は、京都で狙う中団よりもさらに1枚後ろにいる、差し・追い込み馬。最後方近くてもOKだ。

GⅢ
京成杯
中山・芝2000ｍ

内回り重賞実績馬は即本命候補！

暮れに同舞台でGⅠホープフルＳが行われており、必然的にGⅢ京成杯に出走してくるメンバーは小粒になりがち。ホープフルＳほど速い流れにはならないというのがポイントだ。

ただし、中山芝2000ｍらしさは残しており、前半は坂下からのスタートでスロー。中盤も決して速くはないが、残り1000〜800ｍから徐々にペースが速くなって仕掛け早の長い末脚が要求される。この時期の３歳戦にありがちな一瞬の切れ味、スローからの急加速で勝ち上がってきた馬では脚が続かず、同じ内回り重賞の京都２歳Ｓや、夏の札幌２歳Ｓの好走馬。また阪神、中京の芝2000ｍで勝ち上がってきた馬の好走が期待できる。これが人気馬・穴馬の本命候補。

スローから徐々に加速し、直線を迎えるということで差し・追い込み馬が前に取り付きたいところで逃げ・先行馬も加速するため、これを差し切るにはなかなかの脚力が必要となる。基本的には先行馬有利のレースだ。ただし、それと同時にこの後半の厳しいペースを逃げ切るのも至難の業で、逃げ馬は軽視の方向で良い。

差し馬を狙う場合は、まずは先行馬との力関係を見極めること。そのうえで、内回りの特別戦、エリカ賞、葉牡丹賞の連対馬であれば勝ち切る可能性はある。前走が新馬なら最速上がりの勝利が必須。

GⅡ
東海S
中京・ダ1800ｍ

明らかな先行有利で、本命候補も前から！

中京ダ1800ｍは、スタンド前の坂の途中からスタート１コーナー
までの距離も短いことからレース序盤からスローペースになりがち
だ。２コーナーを回って向正面に入ると緩やかな上りでここでも
ペースは上がらず。ようやく向正面半ばからの下り坂でペースアッ
プするという流れ。ただその下り坂は４コーナー過ぎまで続くため、
決してラクなペースにはならないものの、３〜４コーナーが下りか
つタイトなカーブで減速が必要で、先行馬の息が入りやすい（当然、
後続馬も減速するため前との差を詰めたいところで詰められない）。
この３〜４コーナーの形態と、前半の貯金とで、先行有利となるの
が中京ダ1800ｍというコースだ。

東海ＳはフェブラリーＳの前哨戦とあって実力馬の出走が多く、特
に向正面からは厳しい流れとなるものの、この先行有利のコース形
態とあっては、さすがに先行馬の優位は変わらない。15〜20年の
近６年で４コーナー１番手の馬が連対を外したのはたった１回のみ
だ。人気馬・穴馬の本命候補はどちらかを逃げ馬、どちらかを先行
馬に据え、２、３着に差し馬を置くというのが馬券の組み立ての基
本となる。特に近走でダート中距離を先行、上がり３位以内で好走
している馬は堅軸扱いできるので要チェックだ。

GⅡ
AJCC
中山・芝2200m

厳しいレースで、"格"を大切に！

AJCCが行われる中山芝2200mは、4コーナーの出口付近からスタート。そのまま外回りコースを1周するレイアウトとなっている。スタートから1コーナーまでの距離は十分にあるが、急坂超えに加え近年は少頭数で行われることが多く、ペースは非常に緩やか。スローのまま向正面へ入っていくという流れになる。ただ、さすがに中山の外回りコースだけあって、向正面の下り坂に入るとじわじわとペースが上がり始め、極端に言うとラスト1000mのスパート合戦。相当息の長い末脚が要求されるレースとなっている。

また、長い距離を徐々にペースアップするため、後ろにいる馬では到底勝負にならず、少なくとも3コーナーでは4、5番手につけておきたいところ。中団より後ろの馬を狙う場合は、自分で動いていける機動力が必要だ。それと同時に後半のロングスパートは前にいる馬にとっても決してラクなものではなく、逃げ馬にとってはかなり厳しい流れ。逃げ馬は押さえまでというのが得策だろう。

前半の緩さとは裏腹に、レース全体を通してみると厳しいレース。重賞で好走した実績がある馬でないとなかなか好走は難しく、同コース、京都芝2200〜2400mの重賞実績馬を本命候補としたい。

愛知杯

GⅢ

中京・芝2000m

牝馬らしからぬ牝馬を狙う！

中京芝コースは長い直線と急坂、さらに急坂を上がってからもゴールまで1ハロンほど平坦コースを走らなければならず、2000mという字面以上にタフなコースとなっている。

愛知杯は牝馬限定戦ながら瞬発力勝負にならないのはこのコース形態が理由で、正確に言うならば瞬発力勝負にならないのではなく、"なれない"のだ。

一瞬の切れが売りの牝馬では直線の坂で脚が上がってしまい、ラスト1ハロンの平坦部分を歩くことになる。かといって追い出しを遅らせれば前の馬を捉え切れないというジレンマで、個人的にはエリザベス女王杯、フローラSと並ぶ牝馬の3大中距離持続力レースと位置付けている。

過去の愛知杯、エリザベス女王杯、フローラSの好走馬が出走してきたら必ず馬券には組み込んでおきたいところだ。

さらに牡馬相手に2000m以上のレースを勝ってきた馬もチェック。中京、新潟の2000m重賞、阪神、中山の内回り重賞を好走していれば、本命候補。秋華賞、オークスで差し届かずか、切れ負けというタイプも狙い目だ（秋華賞は持続力が要求されるレースだが、中京芝2000mを走るにはちょっと軽すぎる。秋華賞ですら差し遅れ

るくらいのズブさがほしい）。

脚質的には勝ち切る（＝本命候補）のは差し・追い込み馬。相手に差し＋先行馬。牝馬にとってはたとえ差し馬であってもタフすぎるコースで、差し・追い込み馬自身が直線でへばってしまい、結果先行馬が残るというメカニズム。

本命馬候補に該当するような馬がいない場合は、先行馬を狙うというのもありだ。

◎バウンスシャッセ（16年8人気1着）

〜前略〜同馬の持ち味はパワフルな走りと持続力、特にいい脚を長く使える点。洋芝のような力を要する中京の馬場、タフで長い直線、瞬発力不要のレース傾向と、同馬の大好物がずらりと並ぶ。もともと、鞍上が直線でもたつきながらもオークスで3着するなど、世代トップクラスの能力の持ち主。休み明けも苦にするタイプではなく、調教からも仕上がりの良さがうかがえる。ストレスのかかった前走後にすぐにリフレッシュさせたのがいい方向に出ているようだ。トップハンデの55.5キロもまったく許容範囲内で、持続力、適性を活かした走りで勝ち負けまで見込める。

GⅢ
シルクロードS
京都・芝1200m

後方一気の追い込み馬に妙味あり！

シルクロードSが行われる京都芝1200mはスタート直後から緩やかな上りとなっており、スプリント戦にしては珍しく序盤がゆったりと流れる。3コーナーからの下りは外回りほど高低差はないものの、それでもここからペースアップ。最後の直線へ向かうことになる。前半が緩いペースになるということもあって、前後半のタイムがほぼ同じのイーブンペースがデフォルト。

この流れの影響で、他場のスプリント戦では好走できない瞬発力タイプが台頭し、これがすなわち京都巧者となっている。この京都巧者を狙うのが基本戦略で、特にズドン！と後方待機の馬が追い込んでくると配当的にも妙味がある。逃げ・先行馬も後半のスパートで決してラクをしているわけではなく、また、この時期の京都は馬場があまり良くないこともあって意外と後方一気が決まりやすい。19年12番人気3着のティーハーフなんかがまさにその好例だ。

穴馬の本命候補はこの差し・追い込み馬を積極的に狙っていきたい。21年以降の施行コースは未定だが、阪神芝1200m、小倉芝1200mで行われる場合は、同コース巧者、中山芝1200mを先行して好走した実績のある持続力馬に注目。京都とは真逆に近い適性となる。

GⅢ
根岸S
東京・ダ1400m

ダートには珍しい上がり勝負！

根岸Sが行われる東京ダ1400mはダートスタートでダッシュが利きにくいうえに、最初のコーナーまでの距離が約300mと短い。その影響で序盤がハイペースになることはなく、ダート短距離戦としてはかなり珍しいスローからの瞬発力勝負となる。

一方、このレースをステップとするフェブラリーSは芝スタートのうえに、最初のコーナーまでの距離も＋200m。GⅠということもあってテンから締まった流れになる。根岸SがフェブラリーSにあまりリンクしないというのは、このレースの流れの違いが理由だ。

こういう流れだけに、根岸Sでは上がりの速い馬が上位に走ってきやすく、15〜20年の近6年で上がり最速馬が3勝、2着1回、3着1回という好成績。また、この5頭は前走ですべて上がり3位以内をマークしていた。上がり3位だった馬の前走はチャンピオンズCだけに、基本的には上がり最速か2位を狙うと考えておきたい。

このように他場とは違う適性が求められるだけに、東京ダ1400m実績は必須。過去の根岸Sで上がり3位以内をマークしていた馬、重賞以外のオープンクラスで上がり最速で馬券に絡んでいた馬が本命候補となる。

きさらぎ賞

京都・芝1800m

高配当の期待は道悪、雨中のときに！

外回りコースを使用する京都芝1800mに加えて、少頭数になりやすいレース。道中はスローで流れ、後半は京都外回りらしいロングスパートとなる。当然ながら上がりの速い馬から順に走ってくるようなレースとなり、馬券的妙味は少ない。ただ、救いはこの時期の京都は雨、雪の影響で道悪になりやすい点。道悪、雨中のレースでは逃げ・先行馬が残りやすく、高配当ゲットのチャンスは増える。この場合も基本的には上がりの速い馬が好走しており、レースの構造は良馬場と同じ。上がり33秒台のような速い上がりではなく、先行して速い上がりをマークした実績のある馬、上がりのかかるレースで上がり順位上位の先行馬を押さえておくと良いだろう。

例によって21年以降の施行コースは未定だが、阪神芝1800mで行われる場合は、瞬発力のある差し馬を重視。あまり京都で行われるきさらぎ賞と狙いを変える必要はない。

ただし、小倉芝1800mの場合は、前半はスローになるだろうが、小回りらしくレース後半に一気にペースアップする展開が見込まれる。京都や阪神、東京で切れ負け負けするような上がりのかかる競馬に強いタイプを狙っていきたい。

G Ⅲ
東京新聞杯
阪神・芝2000ｍ

スローで先行有利、内枠有利！

安田記念やヴィクトリアマイル、ＧⅠ以外にも富士Ｓなど多くの重賞が行われる東京芝1600ｍにあって、かなりのスローペースとなるのがこの東京新聞杯。

逃げ残りが難しいとされる東京芝1600ｍにもかかわらず、17年、18年と逃げ馬が勝利。それ以外でも先行馬の好走が多いレースで、穴馬の本命候補は逃げ・先行馬を狙ってみたい。

マイル戦としては超スローからの上がり勝負となるため、さすがに３ハロンの瞬発力というより、４ハロンの末脚比べとなる。この流れは京都芝1600ｍ外に通じるものがあり、前走で京都マイルを先行して勝っている馬がいればこれが穴馬の本命候補となる。ちなみに前走がマイルCSだった場合は差していてもＯＫ。

一方、人気馬の本命候補は瞬発力コース・阪神芝1600ｍの好走馬など、近走で速い上がりで勝っている馬。中団より前で競馬をしている馬が良い。

また、先行有利のレースだけに距離ロスのない内枠が圧倒的に有利で、15〜20年の勝ち馬はすべて１〜４枠に入っていたというのも覚えておきたい。

スローの瞬発力勝負。穴は先行馬から！

道中が緩みづらい東京芝1600mだが、3歳になりたての牝馬限定戦ということで、レース中盤が緩みやすく瞬発力勝負。近走で33秒台の上がりをマークして勝ち切っている馬が人気馬の本命候補となる。最後方からは間に合わないので、中団に付けられる馬が狙い目。

穴馬の本命は先行してしぶといタイプ。スローの前残りを狙う。下記は瞬発力勝負を見越して本命に推したが思いがけず持続力で好走してしまった例。格好悪いが、この手の中山好走タイプが持続力を発揮して粘り込むので、恥を忍んで掲載させていただいた。

> ◎**アルーシャ（18年7番人気3着）**
> ◎アルーシャは、2走前の新馬戦で今回と同じ東京芝1600mを走り2着。前残りのレースのなか、同馬は4コーナー11番手という不利な位置から差してきており、2着とはいえ評価できる競馬だった。そして2走目は中山マイルで、不利な大外枠から先行して完勝。初戦とはまったく正反対の競馬で、しかも先行馬には厳しい中山マイルの外枠から勝ち切ったことを考えると、能力の高さは推して知るべし。今回は重賞挑戦となるが、中山から東京に替わり、持ち味の瞬発力をフルに活かすことができる。

GⅡ
京都記念
京都・芝 2200 m

穴党の出番なし！

京都外回りコースのレースで、例によってスローからのロングスパートとなる。上がり３ハロンの瞬発力勝負ではないぶん中位人気の好走もあるが、少頭数になりやすく、さらに実績馬が出走してくるために馬券の妙味は少ない。人気順で言えば、15 〜 20 年の近６年では16年サトノクラウン、19年ダンビュライトが６番人気で勝っているが、単勝オッズはそれぞれ9.2倍と8.5倍。穴党にとってはあまり積極的に買いたいレースではない。

それでもあえて買うならば、３コーナー過ぎから各馬一斉に仕掛ける流れとなるだけに、前にいる馬のほうが有利。近走、重賞で先行しつつ上がり３位以内をマークしていれば本命候補となる。もちろん京都巧者大歓迎のレースだ。

共同通信杯

東京・芝1800m

瞬発力勝負で馬券妙味なし！

最近はこの共同通信杯を使って春のGⅠに直行というのがトレンドで、このローテーションでGⅠを好走した馬も多い。言い換えれば、このレースはGⅠを好走できそうな馬を買えば良いということで、すなわちスローからの瞬発力勝負に長けた馬が狙い目。ただ、同距離のきさらぎ賞同様、少頭数になりやすいうえに、こちらは日本の競馬の王道とも言える瞬発力タイプが好走するだけに（きさらぎ賞はロングスパートが要求される）、きさらぎ賞よりもさらに妙味は薄くなる。きさらぎ賞、京都記念に続き、穴党の出番なしのレースだ。このレースを好走するのは、スロー→急加速を得意とする、あるいはそういう競馬を経験してきた馬で、東京の高速馬場を考えると、近走で33秒台、それもできれば33秒台前半の上りをマークして勝ってきた馬が本命候補となる。

なお、18年に3連単56万馬券の大荒れ決着があったが、このれ゛すは1〜3番人気に支持されたグレイル、ステイフーリッシュ、サトノソルタスの前走の上がりがそれぞれ34.0秒（上がり最速）、35.9秒（上がり2位）、36.4秒（不良馬場）と、すべて上がりのかかるレースだった。今後もこういうメンバー構成なら、高配当が期待できるのかもしれない。

GⅢ
京都牝馬S
京都・芝1400m外

急加速に強い京都巧者を狙え！

京都牝馬Sが行われる京都芝1400m外は、本来は最もラップが速くなるはずの2ハロン目で上り坂を迎えるため、ここでペースが落ちる。その影響で1400mには珍しく東京芝1400mと並んで持続力ではなく瞬発力が求められるコースとなっている。ましてやこのレースは牝馬限定戦。京都外回りの定番ともいえる下り坂からのロングスパートにもならず、直線へ向いてからの切れ味勝負となる。それゆえ、上がりの速い順に買えば当たると言っても決して大げさではないレースで、人気馬、穴馬ともに本命馬候補はスロー→急加速を得意とする馬。京都実績があればなお良しだ。

◎リナーテは2走前に東京芝1400mで行われた白秋Sを楽勝。その白秋Sはスローの瞬発力勝負という京都芝1400m外でもしばしば見られる流れで、その前残りの競馬を中団より後ろからメンバー中最速の上がりでラクに差し切り勝ち。前走はマイル戦で7着に敗れたが、中山の急坂、1ハロンの距離延長が堪えたのは想像に堅くない。今回は京都芝1400m外の急加速レースで、1ハロンの距離短縮。言わばベストの条件での競馬だけに巻き返しが期待できる。

ダイヤモンドS

東京・芝3400m

人気薄の先行、なだれ込みに注意！

東京芝3400mで行われる唯一のレースで、JRAで6レースだけ行われている3000m以上のレースのひとつでもある。要するに特殊な適性が求められるレースで、リピーターの好走が多い。

ただ、当然ながらリピーターは人気になりやすく、人気馬の本命候補。同じく天皇賞（春）、菊花賞を善戦した馬もダイヤモンドS同様、広いコースでのロングスパートが要求されるため、人気馬の本命候補とする。GⅠなら8着程度に走っていればOKだ。

一方、穴馬の本命はローカル2600mの勝ち馬、中央場所の長距離戦の惜敗馬。このタイプは下記のラブラドライトのように惜敗を繰り返していても抜け出しのタイミング一つで勝ち負けまで持ち込める。特に先行馬は「徐々にペースアップ→ロングスパート」のレースでは脚質的に優位にあり、なだれ込みに注意が必要だ。

◎ラブラドライトは、長丁場を先行して粘り込むのが身上だったが、決して切れる脚がないわけではなく、気性的に前に馬を置くと行きたがるところがあっての先行策。〜中略〜もともとダイヤモンドS（14年）4着、万葉S2着と3000m以上のレースでは底を見せておらず、51キロの軽量なら期待は大きい。

GⅢ
小倉大賞典
小倉・芝1800m

先行有利。妙味はヒモ荒れにあり！

小倉大賞典が行われる小倉芝1800mはスタート地点から最初のコーナーまでの距離が短く、逃げ・先行馬がスローペースに落としやすい。マイル重賞で先行できるスピードがある馬は先手を奪ってそのままあっさりというシーンもあり得るため、逃げ馬には常に気を配っておく必要がある。19年には最低人気のサイモンラムセスが大逃げから3着に粘っているように、人気薄の激走にも注意。人気次第だが、この逃げ・先行タイプを穴馬の本命候補とするのも面白い。一方の人気馬の本命も先行馬からチョイスでOK。20年のように雨の影響で馬場が荒れた外差し馬場なら差し馬の台頭があるが、それはそれで対処すれば良い。冒頭に書いたように逃げ・先行有利なので、それを念頭に置いておくべきレースだ。

狙いは2、3着が多い勝ち切れないタイプ。他場では先行して切れ負け、持続力不足という形で惜敗している馬が、先行有利と平坦を味方に押し切るのを狙う。単勝5番人気以内がオススメ。

このレースの馬券のポイントはヒモ荒れで、斤量52〜53キロの先行馬の粘り込み、また中央では差して届かずという差し・追い込み馬がスパイラルカーブと平坦で巻き返してくるのを狙うイメージだ。

GI
フェブラリーS

東京・ダ1600m

リピーター＆瞬発力タイプ！

フェブラリーSの舞台となるのは東京ダ1600m。JRAでは唯一の
ダートマイル戦が行われるコースで、特殊な適性が求められる。そ
れだけにフェブラリーSでもリピーターの好走が多く、まずはこれ
をチェック。活躍期間の長いダート馬だけに前年だけではなく、2
年、3年前の好走も頭に入れておきたい。

根岸Sの項でも触れたが、東京ダ1600mは芝スタートで最初のコー
ナーまで向正面を目一杯使った距離がある。ダッシュが利きやすく
さらに長い直線で加速するため、テンから厳しい流れになりやすい。
ただ、当然ながらこのハイペースでゴールまでもつわけもなく、3
〜4コーナーでペースが落ち、最後の直線に備えるという流れとな
る。ここが肝で、ここでひと息入れるため、最後の直線はダートら
しからぬ瞬発力勝負になるのだ。速い上がりを使える馬の好走が多
いのはこれが理由。

この手のタイプは展開待ちの馬も多く、差して届かずの競馬が続い
て近走の着順が冴えない場合も多い。それでも速い流れと長い直線
で巻き返してくるケースも多いので、近走の着順にとらわれず、重
賞ならメンバー中3位以内、そのほかオープンクラスなら2位以内
のの上りを目安に積極的に馬券に取り入れていきたい。

このようにリピーター、速い上りを使える馬というのが、このレースの狙い目となる。

ちなみに該当馬が複数いる場合は、人気馬の本命候補の場合は人気順に評価でもOK。実力のある馬たちのレースだけに、統計的には人気順にきまりやすい。

人気以外で決めたいなら、たとえば枠順。東京ダ1600mは外枠有利と言われるが、フェブラリーSに関してはこれは無視で良い。1枠だけ沈んでいるのは注意点だが。ここで言う枠というのは、たとえば差し馬だったらスムースに外に持ち出せる枠なのか、そのほか外枠に先行馬が集中して内に押し込められないかといった点。

さらに各馬の適性で、ワンターン（コーナー2つ）のコースで走れるのか、逃げられるだけのテンのスピードがあるのか、砂を被っても問題ないかなど、そういった点を一つひとつ確認し、印を決めていく。

ただ、大前提はリピーターと速い上りを使える馬ということは覚えておきたい。

◎インカンテーション、◎ノンコノユメ（18年6人気3着、4人気1着）
◎インカンテーションは、15年のフェブラリーSの2着馬。フェブラリーSが行われる東京ダ1600mはJRAで唯一のダートマイル戦で、非常に特殊なコースと言える。こいうった特殊なコース、たとえば新潟芝1000mなんかもそうだが、そのコースになると途端に息を吹き返すようなスペシャリストが生まれやすく、ゆえに同じレースを何度も好走するリピーターが出現する。◎インカンテーションがまさにそのタイプで、先のフェブラリーSのほか、長期休養と不振に陥っていた時期もあったなかで昨秋の武蔵野Sを6番人気ながら1着に好走。相変わらずの適性の高さを

見せつけた。～後略～

一方、人気馬の本命◎ノンコノユメも16年のフェブラリーSで2着に好走しているリピーター候補だ。内から捌けるような馬ではなく、枠順によって好走、凡走が左右されるタイプだが、前走に引き続き外めの絶好枠を引き自らチャンスを呼び込んだ。強敵相手にもっとも重い58キロの斤量で勝ち切った前走は高く評価でき、しかも今回はそれ以上の状態でベストの距離を走れる。得意の瞬発力勝負で勝ち負けまで見込める。

◎ユラノト（19年8番人気3着）
～前略～同馬は今回の出走メンバーのなかでは3番手、4番手からの競馬で速い上がりをマークできる唯一の馬と言っていい。逃げ馬を行かせて離れた2番手グループが展開的に最も有利なのだが（もちろんペースによります）、そのスイートスポットにぴったりと収まるのが同馬だ。唯一マイル戦を走った3走前の武蔵野Sでは4着と馬券圏内を外したが、当時は休み明け。しかも4コーナーでふたケタ番手にいた馬のワンツーという展開も不向きで、それでいてメンバー中3位の上がりをマークし4着に粘ったのはむしろ地力強化の証とみる。逃げる2頭を前に見つつ、速い上りを脚を繰り出す競馬ができれば後続馬を封じ込めるチャンスは十分。～後略～

GⅢ
阪急杯
阪神・芝1400m

典型的1400m重賞！

阪急杯が行われる阪神芝1400mは、まさに1400mの典型と言えるコース。

芝・ダートに限らず1400m（東京と京都外回りを除く）は前半から速いペースで飛ばし、そのスピードをいかにゴールまで持続させるかというのが勝負のポイントとなる。ダート短距離と同じような適性が求められるため、ダートの好走実績がある馬が穴をあけるケースも散見される。芝で同じような適性を求められるコースに新潟芝1000m、中山芝1200m、小倉芝1200m、中京芝1400m、阪神芝1200m。なにはなくとも持続力、最後まで粘り切る資質が重要なコースだ。マル外がよく走るのも特徴。また、このような厳しいペースでは後続馬も追走に脚を使わされるため末脚不発に終わることが多く、先行有利が基本。ただ、道中死んだふりの追い込み馬がズドン！と一発かますことがあるので、その点には注意が必要だ。このレースで言えば19年のスマートオーディンがそれ。

阪急杯も典型的1400mレースだけに上記コース（新潟千直は除く）で先行、好走した実績馬を狙うのが定石。いかにもという追い込み馬がいる場合は穴馬の本命とするのもあり。

中山記念

GⅡ

中山・芝1800m

タフなレースで実力馬がふつうに好走！

中山芝1800mは坂の途中からスタートし、また1コーナーまでの距離も短い。すぐにカーブに入ることでペースが落ち着きやすく、レース前半はスローペースで流れる。同コースで行われる牝馬限定重賞の中山牝馬SやフラワーCは向正面でソロっと前との差を詰めにかかるが、さすがは古馬のGⅡだけあって、中山記念は向正面の下りからグンとペースアップ。ゴールまで緩みないペースで流れるため、レース後半からはかなりタフなレースとなる。

このタイプのレースの常で、脚質的には先行有利。また、徐々にペースアップするスピードに対応できるマイル重賞の実績馬も良績を挙げており、人気馬の本命候補がこれ。

一方、穴馬の本命候補はハナか番手の競馬ができるタイプだが、これだけタフなレースで実力馬が走ってきやすいため、深追いは禁物。馬券的には平穏な決着が多いので、無理な穴狙いはやめておこう。穴党としては、あまり語ることのないレースのひとつだ。

GⅢ
チューリップ賞
阪神・芝1600m

お馴染み牝馬限定の瞬発力勝負レース！

阪神芝1600mの牝馬限定重賞とくれば、答えはスローからの瞬発力勝負。

チューリップ賞は本番・桜花賞と同舞台のトライアル戦で、有力馬の出走も多い。このレースに出走してくる有力馬の多くは阪神JFなどですでにその片鱗を見せており、穴馬探しに適したレースではない。ただ、付け入る隙がまったくないかと言えばそういうわけでもなく、有力どころは先を見据えた仕上げ、また本番への試走という意味でも取りこぼすケースもある。

その間隙を縫って好走するのが、前走で新馬、未勝利を上がり最速で勝った馬か、特別戦を上がり2位以内で差し届かず、取りこぼした馬。

これらは本気で権利獲りに来ていることもあって、先を考えない一発勝負の乗り方をしてくるので好走の可能性は高まる。ただ、勝ち切ることはほぼないので、2、3着付けがオススメだ。

GⅢ
オーシャンS
中山・芝1200m

JRA有数の持続力コース！

ＧⅠ高松宮記念の前哨戦。

このレースが行われる中山芝1200mはスタート直後から４コーナーにかけて緩やかな下りとなり、平坦部分を経て直線の急坂を迎える。つまりレース序盤からハイペースで流れて息が入りづらいうえに、トップスピードのまま直線で急坂を上らなくてはならないという、ＪＲＡのなかでも有数の持続力コースとなっている。

これだけ特殊なコースだけにリピーターが生まれやすく、このレースでもナックビーナスが17年から20年まで４年連続２着に走った。このナックビーナスがそうだったように、持続力コースでは先行有利がデフォルトだが、注意すべき点は追い込み馬の激走。

阪急杯の項にも書いた通り、差し馬もハイペースに巻き込まれて末脚不発に終わりやすいが、道中死んだふりの追い込み馬が、他馬のバテたところで一気に差し込んでくるケースがままある。阪急杯と同じメカニズムだ。

近走でメンバー中上位の上がりを繰り出しつつも差し届いていない馬、前走も差して同コースを好走しつつ、重賞で人気を落としている馬がいたら、しっかりケアしておきたい。

GⅡ
ディープインパクト記念
中山・芝2000m

近走マイル実績馬が穴候補！

トライアル戦らしく、すでに皐月賞に出走を決めている実績馬が、脚をはかるような乗り方をすることが多く、道中は折り合い重視のスローペース。この有力馬の"余裕"を突いて権利獲りを狙う馬が好走するというのは、チューリップ賞と同じだ。

ただ、さすがに中山芝2000mだけあって、直線までスローということはなく、3コーナー過ぎから加速。ラストは上がりの速さを要求される展開となる。これが穴馬の本命候補のポイント。

徐々に加速しスピードに乗っていくというレースはスピードに対応できるマイル実績馬が好走するというのをここまで何レースも解説してきたが、このレースも同じ。極端な道悪となった19年を除き、5番人気以下で馬券に絡んだ馬は3頭。15年の3着馬タガノエスプレッソは前走が朝日杯FS6着で、その前はデイリー杯2歳S勝ち。17年の2着馬マイスタイルは前走でこぶし賞を勝ち、その前はシンザン記念5着。同3着馬ダンビュライトも2走前の朝日杯FSは惨敗しているものの、その前にサウジアラビアRCを2着に好走していた。前走でマイルを勝っている、あるいは近走でマイル重賞を連対しているという実績の持ち主で、今後もこのタイプに注目。

中山牝馬S

中山・芝1800m

前走愛知杯組にいろいろな意味で注目！

中山芝1800mはスタートからコーナーまでの距離が短く、またコーナーでペースが落ち着くため前半はスローで流れる。加えて牝馬限定のハンデ重賞だけにスローの傾向は顕著となる。ただ、さすがに中山の内回りでジッと構えているわけにもいかず、向正面のなかほど過ぎから後続馬が動き始め、それにともないペースアップ。直線へと向かっていく。

向正面なかほどから動きだすことで、先行馬は前半のスローペースの印象ほどラクはさせてもらえない流れとなり、これが差し馬が好走している理由だろう。

当然、本命候補は差し馬からで、早めに動き出すこともあって牝馬らしい一瞬の切れを活かす馬より、切れずともバテないタイプのほうがおすすめ。ほかの牝馬限定戦で切れ負けしている馬や、差し届かなかった馬。前走の愛知杯で先行、中団前めで競馬をしつつもタフな直線にしまいタレてしまった馬がオススメ。中山牝馬Sは愛知杯ほどタフな競馬にはならないので、愛知杯で負けている馬でも巻き返しが効きやすい。反対に愛知杯で好走した馬はこのレースで走るにはタフすぎて人気を裏切るので要注意。

GⅡ
金鯱賞
中京・芝2000m

ＧⅠ馬が多数出走で、実績通りの決着に！

17年に大阪杯がＧⅠに昇格したことで、そのステップレースとして年末から3月に移動。その影響でＧⅠ級の馬の出走が増えて配当的にも堅い決着が続いている。

中京芝2000mはかなりタフなコースで、ＧⅢレベルであれば他場では届かないような差し・追い込み馬が好走するレースとなるが、さすがにここまでＧⅠ級の馬が出走してくると、このタフなコースでもきっちり好走してくる上に、前哨戦らしくスローペースからの上がり勝負となりがち。結果、力のある馬が普通に上位に走ってくるというレースとなってしまった。

ＧⅢレベルとまた違うのが好走馬の脚質で、ＧⅢレベルは差し・追い込み馬がメインだったのに比べて、こちらは先行馬が走っている。スローペースという一因もあるが、力のある馬なら長い直線、急坂、坂を上ってからの1ハロンの平坦もバテずに走れるということなのだろう。今後も実績馬が普通に好走するレースとなると思われ、馬券勝負は避けたいところ。

それでも馬券を買うという方は、ＧⅠ実績馬から先行勢へ流す形がベターだろう。

牝馬限定戦には稀な持続力レース！

詳しくは阪急杯の項をご覧いただければと思うが、阪神芝1400m
は典型的な持続力コースで、スローからの瞬発力勝負がデフォルト
の牝馬限定重賞ながら、このコースで行われるフィリーズレビュー
は持続力を要するレースとなっている。

そういう性質のレースだけに、牝馬らしい瞬発力で勝ってきた馬は
評価を下げ、瞬発力勝負で切れ負けしていた先行馬を狙い撃つのが
基本となる。

また、道中が厳しくなるレースの常で、後方一気タイプには常に注
意。また持続力コースとはいえ、牝馬限定戦で阪急杯ほどは道中が
厳しくないため、多少は瞬発力タイプにも目を配る必要がある。

本命候補は、京都や東京で切れ負けしていた馬。加えて同コースや
中京芝1400m、札幌芝1500m、中山マイルといった持続力を要
求されるレースで好走していればなお良し。近走の切れ負けでいく
ら人気を落としていても先行力があれば気にすることなく馬券に組
み込んでいきたい。

◎エーポス、◎ヤマカツマーメイド（20年5番人気1着、2番人気2着）

◎エーポスはデビューからここまでの3戦を芝1600mで走っているが、レース内容からもマイルでは距離が長い印象を受ける。デビュー戦こそ相手関係にも恵まれて勝ち切れたものの、前半3ハロンが36.0秒という緩い流れを先行して、自身のラスト3ハロンが35.0秒というのは、中山であること、メンバー中2位の上がり順位だったことを加味しても低調だったと言わざるを得ない。さらに続く2戦もマイル戦を先行してゴール前1ハロンのところでガス欠を起こしてしまっている。正確に言うとガス欠を起こしているように見えるのは、緩急のある競馬に対応できずにゴールになだれ込んでいるだけだからなのだが、この馬はまずマイル戦には向いていない。この手の走りをするのは1400m巧者であることが多い。今回はマイルから1ハロン短縮となる1400m戦で、1ハロンの距離短縮という以上に、1400mの緩急のつきづらい流れでスピードを持続する能力が要求されるのが◎エーポスにとっては大きなプラス材料となる。調教でも切れないが速いスピードを持続させるところを見せているだけに、初のベスト距離で好走が期待できる。

一方、人気馬の本命◎ヤマカツマーメイドも明らかに1400m巧者。なかでもファンタジーSは速いペースで逃げるレシステンシアを前で追いかけて4着に善戦。さらに続く阪神JFでも道中が緩まない流れを5着に善戦と、このメンバーのなかでは抜けた実績を持つ。特に前走のG1では適性より長い距離でも終いの脚をジリジリと伸ばしており、順当ならこの馬だろう。

GⅢ
ファルコンS
中京・芝1400m

かなりの持続力レース！

前項のフィリーズレビュー同様、中京芝1400mのファルコンSも持続力を要するレース。道中の厳しさは阪神芝1400mほどではないが、このコースのきつさは最後の直線にある。

長い直線、急坂、そしてきついのが坂を上がってもゴールまで1ハロンほど走らなくてはならない点。レースの構造自体は違えども、阪神芝1400m同様に相当な持続力を要求されるコースだ。

本命候補となるのも、フィリーズレビューと同じ。同コース、阪神芝1400mなど持続力が必要なコースで先行して好走していること。その一方で、京都や東京といった瞬発力を要するコースで、切れ負け（先行しつつ惜敗）していることとなる。

また、新馬や未勝利でダート短距離戦を先行して好走した馬もチェック。仮にファルコンSが初芝でも狙う価値はある。

◎ヴェスターヴァルト（20年8番人気3着）

◎ヴェスターヴァルトは、これまでの勝ち方、負け方がいかにも1400m巧者らしく、距離適性の高さを感じる。同馬がこれまでに勝ったのは4走前の札幌芝1500m戦と前走の東京芝1400m戦。いずれも道中が緩まない一本調子なタフな流れとなり、4走前はそれを番手からラクに押し切り、前走は中団やや後ろからメンバー中3位の上がりで差し切った。前走の3位という上がり順位がまた中京芝1400mに対する適性の高さを見せていて、切れすぎずにジリジリと脚を伸ばして上位の上がりというのは、直線が長く、急坂があり、さらに登坂後も1ハロン走らなければならない中京の直線でこそ活きる脚（切れすぎているようだと、途中で脚が上がる）。また一方で、同馬が負けているのはスローのマイル戦。マイル戦自体、瞬発力勝負になりやすいのだが、同馬はそこで明らかなキレ負け。先に述べたジリジリというバテないが、切れないという脚がもっとも苦手とする展開と言え、さらにその苦手な展開で大負けではなく惜敗というのが能力の証でもある。これまでの戦績から見ても、現状は中京芝1400mがベストの条件で、この適性の高い舞台なら重賞でも好走を期待したい。仮に負けても、引き続き1400mで狙いたい馬だ。

フラワーC

中山・芝1800m

中山牝馬Sよりさらに緩い！

中山牝馬Sと同じ中山芝1800mで行われる3歳牝馬限定重賞。中山牝馬Sは向正面半ばから徐々にペースアップするため、先行馬にとっては思いのほかラクではないというレースだった。

ただ、フラワーCは3歳牝馬限定で、さらにペースは緩くなる。前半と後半の落差は中山記念＞中山牝馬S＞フラワーCというイメージだ。

道中でプレッシャーがかかりづらいぶん逃げ馬の好走が多く、15〜20年の近6年のうち逃げ馬が4勝、3着1回。勝ったのは1番人気か2番人気の馬で、これが人気馬の本命候補。

穴馬の本命候補は東京、京都以外の同距離のレースを勝った実績のある馬。速い上りをマークしている必要はなく、京都、東京ほど軽くない馬場でどう距離を勝っているというのがポイントとなる。

GⅡ
阪神大賞典
阪神・芝2000m

上がり重視の長距離戦！

阪神大賞典は阪神芝コースの内回りを使用。

15 〜 20 年の近 6 年の出走頭数は、10 頭、11 頭、10 頭、11 頭、11 頭、10 頭。この頭数の長距離戦だけに道中のペースは上がりようがなく、スローで流れて最後の直線で脚を使うだけというレースが続いている。

実際、近 6 年はすべて上がり 1 位の馬が勝っており、2 着には上がり 1 位タイか、2、3 位の馬。しかも G Ⅰを馬券圏内に好走した実績馬がその上りをマークするので妙味は少ないレースだ。

前走1勝クラス出走馬が穴で狙い目！

以前は皐月賞に繋がらないトライアルとして有名だったが、18年に
このレースを2着に好走したエポカドーロが皐月賞を制したあたり
から有力馬の出走が増え、皐月賞に繋がり始めた。20年もこのレー
スを制したガロアクリークが皐月賞で3着に好走している。

スプリングSは古馬の中山記念ほど後半は厳しくないが、牝馬限定
重賞の中山牝馬S、フラワーCよりは道中が厳しく、中山内回りの
レースらしく早めに動いて持続力を活かした馬が好走している。

本命候補は前走で上がり3位以内の末脚を繰り出した馬。中山コー
スと似た適性が必要となるローカルの小倉や中山1800～2000m
の好走馬が狙い目となるのは、当然の話か。

また、ここまで何度かお伝えしているように、道中早めに動いてい
くレースで好走しているマイル実績馬の成績が良く、前走で朝日杯
FSを走った馬は狙い目。戦績からも明らかに1800mでは長いモン
ドキャンノを除けば【1112】という良績を残している。

勝ち切っているのは前走で重賞を好走してきた馬よりも、1勝クラ
スを走ってきた馬。本気で権利獲りにきている証だろう。これを穴
馬の本命に据えて重賞実績馬に流すのも面白い。

GⅢ
毎日杯
阪神・芝1800ｍ

上がりタイム重視の瞬発力勝負！

毎日杯が行われる阪神芝1800ｍは２コーナーの出口付近からスタートし、向正面をフルに走って外回りの３コーナーへと向かう。外回りの３〜４コーナーはかなりゆったりとしたカーブで、ここでペースが緩んで、最後の直線へと備える形だ。結果、スローからの瞬発力勝負となるという流れ。

阪神の高速馬場ということもあって、上がりタイムは33秒台から34秒前半。秋の野芝開催ほどではないが、かなり速い上がりが必要とされる。

当然ながら速い上りを繰り出した馬が上位に走っており、あまり位置取りを考えずに上がりの速さを精査する予想で的中に近づけるだろう。

速い上りを出せるのは、近走で33秒台の上りをマークしている馬が多く、これを本命候補とする。

GⅡ
日経賞
中山・芝2500m

タフな消耗戦で実績上位馬を信用！

中山芝2500mで行われる日経賞はなかなかタフなレース。長距離戦らしく道中はスローで流れるが、そのぶん各馬の動き出しが早くなりがちで、向正面半ばから追い出しているようなイメージを持っておくと良い。それだけにかなりスタミナを要するレースで、最後の直線は消耗戦の様相。

ちなみに15 〜 20年の上がり最速タイムは、9頭立ての少頭数で異例のスローペースになった16年の33.8秒（ゴールドアクター＝1着）。これを除いた各年の最速上がりは、34.0秒、35.0秒、34.6秒、35.2秒（稍重）、35.3秒。最速上がりでこのタイムだけに上がりもかかり、切れないが追ってバテないというタイプが好走するレースだ。そのタフさゆえに能力の高い馬、特にG1の好走馬が出走してきたら、素直にこれを人気馬の本命候補としたい。

一方の穴馬の本命候補は、他場の重賞では上がりが速くて対応できていない馬。もちろん重賞に出走してくるくらいなので能力は高いのだが、重賞で善戦しているのは中山や3000m級ばかりというタイプ。そういう戦績の先行馬がいれば、近走の成績度外視で馬券に組み込んでおきたい。

マーチS

中山・ダ1800ｍ

道中死んだふりの後方一気！

マーチＳが行われる中山ダ1800ｍは序盤こそスローペースで進むものの、向正面の下り坂からペースアップ。そのままゴールへなだれ込むという流れで、相当は持続力を要するレースとなる。

特に重賞ともなれば、道中のペースはより厳しくなるだけに、同コースの中山ダ1800ｍを得意とする馬か、前走で1800ｍより長めの距離、阪神ダ2000ｍや京都ダ1900ｍ、地方交流重賞を使ってきた馬の好走率が高い。それだけスタミナを要するということ。

人気を信用できず、展開、位置取りはもちろん、向正面で後続が差を詰めるタイミングで好走馬が変わってくるため本命候補をなかなか絞りづらいレースではあるが、これだけタフなレースだけに地方交流重賞を含め、近走で重賞を馬券圏内に好走している馬はやはり上位に取るべき。また、タフな持続力勝負にありがちな、道中死んだふりの後方一気を狙ってみるのも面白い。19年サトノティターン、20年レピアーウィットなど、かなりの頻度で走ってくるので、狙う価値十分。

この手の後方一気馬はそれまでに最速上がりを何度もマークしているので、これを目安とする。

高松宮記念

中京・芝1200m

スプリンターズSとの関係性は？

同じスプリントGⅠのスプリンターズSが行われる中山芝1200m
はスタート直後からの下りでハイペースになり、そのまま最後の直
線へ向かって急坂を迎えるレイアウト。

一方の高松宮記念が行われる中京芝1200mはスタート地点こそ緩
やかな上りの途中にあるものの、100mほどですぐに下りに入り、
そのまま直線の急坂を迎えるレイアウト。

このように両コースはレイアウト自体が似ており、どちらもタフな
持続力コースとなっている。

実際、20年の高松宮記念では19年のスプリンターズS2着、中山
芝1200m巧者のモズスーパーフレアが勝っており、中山が高速化
したことで両GⅠがリンクする率は高まっていくだろう。

中山芝1200mがリンクするとなれば、反対に道中が緩んでイーブ
ンラップになりやすい京都芝1200mは相性が悪くなるのが道理。
15〜20年の近6年で前走シルクロードSを走った馬が【41013】
だが、ファインニードル以外はシルクロードSを負けた馬が高松宮
記念を勝っているという構図だ。やはり狙うべきは中山芝1200m
をはじめとする持続力コースで良績を収めている馬だ。

GⅢ
ダービー卿CT
中山・芝1600m

マイル戦には珍しい持続力レース！

中山芝1600mはマイル戦にしては珍しい、持続力が試されるコース。他場のマイル戦は少なからず直線での急加速が求められるが、中山マイルは外回りコースを使用し、向正面の下りから徐々にペースアップ、そのままハイペースを維持したままさらに直線で加速するという流れ。他場とは求められる資質が違うため、スペシャリストが生まれやすいコースでもある。

よって、ダービー卿CTでもまずはコース巧者をピックアップ。さらに最近の中山の高速化、前が止まりづらく先行有利という点を加味して先行馬を人気馬の本命に据えたい。

一方、穴馬の本命は中山で走った経験は乏しいものの、他場で切れ負けをしている先行、差し馬。あるいは、阪神、中京の芝1400mで先行して好走している馬。この手のタイプは人気になりづらいが、持続力には長けた馬が多く、このコースに対する適性は高い。

また、秋の京成杯AHとの関連で言うと、この時期の中山芝コースは馬場が荒れ始めており、秋の中山の軽い馬場とは別物。コース巧者が走りやすいとはいえ、京成杯AHの好走を鵜呑みにせず、しっかり精査したい。

GI
大阪杯

阪神・芝2000m

内回りGIの実績馬に注目！

大阪杯が行われる阪神芝2000mは内回りコースを使用。スタートしてすぐに急坂を迎えるためレース序盤はスローペースになりやすいが、そのぶん各馬の動き出しが速くなり、レース後半は厳しいペースが続く。同じく内回りの中山芝2000m同様、ペースアップしてからの持続力が問われるレースだ。

それだけに能力が反映されやすく、GIに昇格してからの4年中3年GI馬が勝利。また、17年の勝ち馬キタサンブラックは宝塚記念、有馬記念で、19年の勝ち馬アルアインは皐月賞で、それぞれ内回りコースのGIを好走した実績を持っていた。また20年の勝ち馬ラッキーライラックも内回りGIの好走こそないものの、持続力を要求されるエリザベス女王杯を勝っている。このGIレベルの持続力を持っているというのが、このレースのポイント。

今後も皐月賞好走馬、過去の大阪杯、宝塚記念といったレース後半が厳しい流れになるGIで好走実績のある馬が勝ち負けしてくるだろう。

◎ステファノス（17年7番人気2着）

◎ステファノスは、瞬発力を活かした走りで天皇賞・秋や香港の2000m
Ｇ１を次々に好走。今回と同じ阪神芝2000mで行われた鳴尾記念でも△
ヤマカツエースに先着してレコード決着の２着など、2000mでの実績な
らメンバー随一。たしかに勝ち切れないイメージはあるが、差し・追い込
みという脚質ゆえに例えば前走のようにスローにハマってしまったり、前
が詰まったりと展開のあやに左右されるところが多いのも事実。４走前の
天皇賞（秋）３着にしても前が詰まって外々を回されている。決して能力
をすべて発揮できたとは言えないながら、この成績は高く評価でき、能力
の高さに疑いようはない。今回は一見差し馬に不利なように思える内回り
の阪神芝2000mとなるが、実際はスタートしてすぐに上り坂、急なカー
ブがあるために前半のスピードが緩みやすいぶん、後半がかなり速くなる。
結果、差し馬が台頭しやすいというのがこのコースの特徴。Ｇ１の速い流
れのなかから鋭い脚を使える、瞬時にエンジンに点火できる◎ステファノ
スにとっては非常に走りやすいコースで、ここは大きなチャンス。勝ち負
けまで見込める。

阪神牝馬S

阪神・芝1600m

先行馬の取りこぼしに注目！

阪神芝1600mで行われる牝馬限定重賞。

ただでさえ瞬発力コースの阪神芝1600mで、そのうえ牝馬限定重賞となると、当然ながらスローからの瞬発力勝負がド定番。

スローからの急加速が高いレベルで求められるレースだけに、桜花賞、ヴィクトリアマイルほか牝馬限定GⅠの好走馬の信頼度が高い。

ただ、ヴィクトリアマイルの前哨戦という位置づけでもあり、かつ、これだけのスローペース。

差し馬が先行馬を残しがちで、本命候補は先行馬から選びたい。

GⅡ
ニュージーランド T

中山・芝1600ｍ

前走ファルコンS好走馬がアツイ！

マイル戦には珍しい持続力勝負になりやすい中山芝1600ｍ。この
レースも古馬戦に比べてペースが緩みやすい3d歳限定戦とはい
え、やはり必要なのは持続力。ちなみに持続力タイプなのか、そう
でないのかを迷った場合、またどの馬を狙えば良いか迷った場合は
1阪神芝1400ｍ、中京芝1400ｍの好走馬を探すのがオススメ。特
に前走ファルコンSの好走馬がいれば即チェックだ。

◎メイソンジュニア（17年8人気2着）

昨年は100万馬券が飛び出し、それ以前もちょくちょく10万馬券が飛び
出す波乱になりやすいレース。このレースが波乱の要因となっているのが、
緩急のつきやすい他場のマイル戦から一転、澱みのない流れになりやすい
中山マイルへのコース替わり。実際、マイルからの転戦組はほとんど中山
マイルで好走実績を持ち、別距離からの転戦組は1400ｍで善戦してきた
タイプ。特にファルコンS（中京芝1400ｍ）に出走した馬が穴をあける
ケースが目立つ。そこで狙いは◎メイソンジュニア。芝1200ｍの福島2
歳Sを勝ち、前走はファルコンSで3着。澱みのない流れを先行して好走
してきた馬だ。特に前走は1着馬、4着馬が4コーナーふたケタ番手とい
う厳しい流れのなか、G1 3着の実績を持つ△ボンセルヴィーソとともに
先行して3着。中山マイルの速い流れになっても対応できるだけの持続力
はすでに証明済みだ。

GI
桜花賞

阪神・芝1600m

穴はこのパターンか!?

いい加減しつこいと言われそうだが、阪神芝1600mで牝馬限定戦とくれば、瞬発力に特化したレース。穴党にとっては阪神競馬場改修前の桜花賞が懐かしくなってくるのではないだろうか。それほど堅いレースになってしまった。

堅く収まる理由のひとつが、同コースの2歳GI阪神JF、そして同コースのトライアル戦チューリップ賞の上位馬が、ちゃんと走ってきてしまうから。まぎれの少ないコースで、能力順に走るような瞬発力勝負を繰り返していれば、当然のことではあるのだが。

穴を挙げるならチューリップ賞で上がり最速をマークしつつ負けた馬か、フィリーズレビュー組ということになるが、フィリーズレビューは持続力勝負なので根本的に合わない。

桜花賞を好走するには瞬発力の裏打ちが必須だけに、阪神JFで善戦しているか、あるいは東京芝1600mのサウジアラビアRC、アルテミスSで上位の上がりをマーク、好走している馬が狙い目となってくるだろう。

今後はこのパターンの馬にも注目してみたい。

GⅢ
アーリントンC
阪神・芝1600m

ヒントは19年にあり！？

もう阪神芝1600mについては聞くことはない……というお気持ちだろうが、一応お伝えすると、瞬発力レースである（笑）。

施行時期が移ってからはさらにその傾向が顕著で、18年、19年、20年と上がり最速馬が3着、2着、1着。

救いは19年に大波乱が起きていることで、この年に勝ったイベリスは1200mで2勝、フィリーズレビューを4着に善戦した持続力タイプの馬。

前に行く馬がそれなりに力のある持続力タイプで緩まない流れに持ち込めれば、波乱もあり得るということか。このレースの2、3着に走ったのは4コーナーふた桁番手の道中死んだふりタイプなのもわかりやすい。持続力コースで、道中死んだふりの後方待機馬が直線で一気に差してくるのと同じメカニズムだ。

持続力タイプが出走してきたら、この展開を期待して買うのはあり。ほかの瞬発力レースでも使えそうな手だ。

アンタレスS

阪神・ダ1800m

タフなコースで実力馬が堅実！

アンタレスSが行われる阪神ダ1800mは、スタンド前の坂下から
スタート。そのままダートコースを1周するレイアウトで、都合2
回の坂超えがある。スタートしてすぐに坂超え、さらに最初のコー
ナーまでの距離が短いためにレース序盤はスローで流れるが、向正
面半ばからの下りで加速。ハイペースのまま直線に入って坂を迎え
ることになる。中山ダ1800mほどではないにせよ、タフなコース
に違いはなく、比較的上位人気馬が走ってきやすいレースだ。特に
GⅠ好走レベルの能力馬の信頼度は高い。

また、後半が厳しいペースになるコースだけに、結局は前にいたほ
うが有利。先行、少なくとも中団前めにつけられる馬で、コンスタ
ントに3位以内の上がりをマークしている馬が狙い目。

馬券的には上記を1着、2着にも先行馬、3着に先行馬＋差し・追
い込み馬という組み立てが効率的。

先にも書いたように、力のある上位人気馬が好走しやすいレースだ
けに、馬券の対象は単勝5、6番人気か、単勝オッズ20倍前後あ
たりまででOK。

GI
皐月賞
中山・芝 2000 m

穴はマイル実績馬！

近年の中山芝コースはひと昔前と正反対の高速馬場。マイルにも通じるスピード対応力が求められており、20年も朝日杯FS勝ちを含めマイル経験しかないサリオスが2着に好走。また、前が止まりづらい馬場で先行して回ってこられる馬が良いという点でも、マイラー的スピードはプラスに働く。

今後は同コースのGIホープフルSの好走馬や、ディープインパクト記念、スプリングSの好走馬が人気を集めるだろうが、穴馬の本命候補には人気の盲点となりやすいマイル実績馬を推しておきたい。

◎アルアイン（17年9番人気1着）

近年の皐月賞はマイル戦にも対応できるスピードと持続力が求められる。そこで狙いは◎アルアイン。同馬は力の要る阪神マイルをラクに勝っており、前走では毎日杯を2番手からレースを進め、鋭い脚を使う後続馬を封じ込めた。前走は少頭数とはいえ、決してラクなペースではなく、その流れでスッと加速できる資質は皐月賞を攻略するうえで非常に重要だ。2000mは初となるが、先に触れたようにマイラー的資質が求められる皐月賞なら問題なし（おそらく将来的には1600mで活躍するだろう）。一発ならこの馬だ。

福島牝馬S

福島・芝1800m

逃げ・先行馬の粘り込みに期待！

福島芝1800mは小回りローカルの中距離重賞にありがちな急流になるものの、直線が短くほぼ平坦ということもあって先行馬の粘り込みが多い。これが穴馬の本命候補で、切れないがバテないタイプ。前走で同距離の中山牝馬Sを使っている馬も多いため、そこで先行して善戦した馬が該当。坂のある中山牝馬Sでは最後にタレても、ほぼ平坦の福島なら粘れる可能性がある。

一方、人気馬の本命候補は、牝馬限定重賞らしい、中団から瞬発力を活かして差してくる馬。こちらも中山牝馬Sで速い上がりをマークしていた馬をチェック。ただ、直線が短く坂のない福島だけに、位置取りが後方すぎると届かないので要注意。中団から速い上がりを使っている馬に注目だ。

GⅡ
マイラーズC
京都・芝1600m外

果たして施行コースはいかに!?

これまでは高速馬場の代名詞だった京都芝コースだが、改修後はおそらくクッションの効いた、パワーを要する馬場になりそう。中山改修時を参考にすると、そういうクッション性のある馬場は逃げ・先行馬のスタミナを奪い、差しが届きやすくなる。瞬発力のある牝馬や洋芝の札幌が得意な差し馬が面白いかもしれない。

21年以降の施行コースは未定だが、阪神芝1600mなら例によって瞬発力優先で、上がりの速い馬を狙う。

中京芝1600mなら他場では差し届かないようなエンジンのかかりの遅い差し馬がオススメ。中京記念の項を参考にしていただければと思う。

GⅡ
フローラS

東京・芝2000m

人気＝瞬発系、穴＝長い脚系の二頭流！

フローラSは、スタミナが非常に重要。昔と比べて距離体系が整った近年は中距離を使ってフローラSへ向かう馬が増えたが、それでもこの時期の3歳牝馬にとってはかなりタフな舞台であることに変わりはない。実際、近5年のフローラSで馬券に絡んだ15頭のうち11頭が1800m以上のレースでの勝利実績を持っていた。

また、牝馬限定重賞は総じてスローからの瞬発力勝負になりがちだで、このレースもスローペースには違いないのだが、上がり3ハロンの急加速の瞬発力勝負というよりも、早め仕掛けから徐々にペースアップする長めのスパートが要求される。そのため、良馬場で上がりは34秒台がデフォルトで、そこに33秒台の瞬発力だけで突っ込んでくる馬がいるという馬券の構成となる。よって人気馬の本命候補に（人気になりやすい）急加速瞬発タイプ、穴馬の本命候補に長く脚を使えるタイプを狙うと取りこぼしが少なくなる。人気馬のほうは京都、阪神、東京芝1800mで後方から33秒台の脚を使って好走した馬。穴馬のほうはそういうコースで切れ負けしつつも上位に走っている馬。血統が得意な方であれば欧州系の血を持つ馬と言えばわかりやすいか。ズブめの脚でも届くのがフローラSだ。

GⅡ
青葉賞
東京・芝 2400 m

穴は地味な大寒桜賞組！

本番・日本ダービーと同舞台で行われるトライアル戦。３歳春の長距離戦だけあって各馬とも折り合い重視で進めるため、道中はスローで流れ、向正面の終わりから３コーナーにかけて徐々に加速。ラスト800mの追い比べとなるのが例年の流れ。

距離経験のある馬が少ないなか、同距離で道中スロー→瞬発力勝負となる前走アザレア賞（阪神芝2400m）組が強く、特にアザレア賞の勝ち馬は近５年で３勝を挙げているように、青葉賞に対する適性が非常に高い。もっとも人気馬の本命に推しやすいタイプだ。

穴馬の本命は人気の盲点になりやすい中京芝2200mの大寒桜賞組。中京芝2200mは直線が長く、急坂、さらに坂を上ってから約１ハロンの平坦部分があるため、かなり息の長い末脚が要求される。言ってみれば青葉賞のラスト800mからのロングスパートと同様の適性が求められるわけで、大寒桜賞を好走してきた馬は穴候補として非常に面白い。そのほかではハイペースの中山芝2000mで３〜４コーナーにかけてポジションを上げて好走した馬も穴馬として推せるタイプ。ただ青葉賞自体、スロー→瞬発力勝負に強い馬（＝人気になりやすい）が走りやすく荒れる要素の少ない。無理な穴狙いは禁物だ。５番人気までを重点的にチェックしておきたい。

今後の注目は大阪杯先行惜敗馬！

JRAで最長距離のGI・天皇賞（春）。3200m戦だけあってそれなりのスタミナは必要となるが、近年はスローペース、特に中盤のペースがかなり落ちるため、スタミナ勝負の消耗戦にはならない。ラスト1000mをいかに速く走れるかが勝負を決する大きな要素となっている。ひと言で言えば高速中距離戦を走れる資質が求められるレースだ。

同レースの前哨戦には距離の近い阪神大賞典、日経賞あたりを使ってくる馬が多かったが、大阪杯がGIに格上げされたことで、今後は大阪杯組の好走が増えてくるだろう。なかでも注目しておきたいのが、大阪杯を先行して好走してきた馬。大阪杯は阪神芝2000mで行われるレースで、小回りのGIらしく仮に序盤がスローでもラスト1000〜800mあたりから一気にペースが速くなる。2000mという字面以上にタフでスタミナを要するレースだ。その流れを先行策から好走した馬はかなりの持続力を持っており、天皇賞（春）のラスト1000mのスパートで優位に立てるタイプが多い。さらにここ数年の阪神芝コースは馬場の高速化が著しく、その点からも"高速中距離適性馬"狙いに合致する。

大阪杯を先行して３〜５着というタイプは天皇賞（春）に出走して

きても人気になるとは考えづらく、穴馬としても非常に狙いやすい
はずだ。ただし逃げ切り勝ちを収めた馬はスピードのある中距離タ
イプの可能性が高く、要注意。理想的なのは先行して、4コーナー
あたりで一旦置かれつつも、最後に盛り返してきた馬。あるいは自
身も伸びているが、最後に後続馬にかわされてしまう、切れ負けし
てしまったタイプだ。

もうひとつ穴馬として狙いやすいのが逃げ馬。長丁場の逃げ馬は基
本的に人気になりづらいというのもあるが、GⅠともなれば前年の
GⅠ戦線の好走馬に人気が集中しがち。ただ、長距離の逃げ馬はこ
の路線の天皇賞（春）、ジャパンC、有馬記念には適性が合わず好
走していることはほぼない。むしろ惨敗しているほうが多いはずだ。
ただ、近走でいくら惨敗していようが2400m以上のオープン特別、
重賞を主戦場にし、早め先頭（イメージ的には3〜4コーナーで先
頭に立って押し切るくらい）で好走した実績のある逃げ・先行馬は
頭数も少なく、すべて馬券に加えるくらいのイメージでいいだろう。
繰り返すが、このタイプの逃げ馬は近走でいくら惨敗していても構
わない。まとめると穴馬の本命候補は大阪杯を先行して好走した馬
か、2400m以上のオープン特別、重賞を主戦場に先行〜早め先頭
の競馬で好走した実績のある馬ということになる。

一方の人気馬の本命候補は、基本的に人気馬が信頼できるレースだ
けに1、2番人気馬、そして菊花賞を馬券圏内に走った馬を中心視
しておけばOK。

なお、京都改修中は阪神競馬場で行われるだろうが、狙いは基本的
に同じ。大阪杯組好走の可能性が多少高まるという意識を持ってお
けばいい。

新潟大賞典

新潟・芝2000m

他場で切れ負けしている穴馬狙い！

新潟大賞典はGⅠシーズンの裏開催で行われるということもあって、一線級の出走馬はまれ。よって、上位人気馬の成績が安定せず、近5年で勝っているのは3番人気、5番人気（2勝）、7番人気、11番人気。人気薄を中心に組み立てていくべきレースだ。

穴馬の本命として狙いたいのは東京、京都外回り、阪神外回りで中途半端に負けている馬。具体的には、好位〜中団で競馬をしつつ、4〜6着くらい負けることが多い馬。この手のタイプの馬は最後の直線の追い比べで他馬に切れ負けしていたり、エンジンのかかりが遅くトップスピードに乗ったときには大勢が決しているというタイプなのだが、新潟の長い直線なら、このような切れ負け馬、差し遅れ馬＝一瞬のギアチェンジには対応できないが、長く脚を使えるタイプでも間に合い、一方で人気馬＝基本的に一瞬で加速できる馬は脚が上がってしまい、他場との逆転現象が期待できる。こういう勝味に遅いタイプで、かつ近走でメンバー中上位の上がりをマークしている馬が狙い目だ。

またこのレースはハンデ戦だが、近年は重いハンデを課せられる実績馬のほうに有利な斤量となっており、むしろ53キロ以下の軽ハンデ馬を軽視する方向で予想を進めていきたい。

GⅡ
京都新聞杯
京都・芝2200m

狙いは上がり35秒前後、3位以内！

道中は折り合い重視でペースが緩むが、向正面半ばから徐々にペースアップ。3コーナー過ぎ、ラスト800mあたりからゴールに向かって長い脚を要求されるレース。基本的に上がり勝負となるが、ラスト3ハロンの速さというより、ラスト4ハロンの速さが求められるレースだ。人気馬、穴馬の本命ともに近走でメンバー中上位の上がりをマークしている馬が狙い目となるが、たとえば上がり3ハロン33秒台で好走しているようなタイプだと脚がもたない。良馬場の上がり3ハロンを34秒後半から35秒台、かつそれでいてメンバー中3位以内で馬券圏内に好走している馬が狙い目だ。この手のタイプには一瞬で切れなくても長く脚を使える馬が多い。京都芝2000mや中山芝2000mといった内回りでの競馬が同様の早め仕掛けからのロングスパート合戦になりやすく、そこで上記の上がりをマークしている馬ならなお良し。ただし、その上がりをマークしたのが新馬、未勝利戦の場合は要注意。単にレベルが低いということもあり、基本的には1勝クラス以上のレースを参考にしたい。

穴馬の本命候補は近走で4コーナー2番手以内の競馬で先の上がりをマークし、馬券圏内に好走している馬。ただし、人気馬、穴馬ともに京都芝コースで未勝利の馬は、重賞好走馬以外は割り引き。

NHKマイルC

東京・芝1600m

必要なのは瞬発力より持続力！

成長途上、春時期の３歳馬にとって東京芝1600mはまだまだタフなコース。さらにGIで道中の流れが緩みづらいこともあって、一瞬の切れ味だけでは通用しない。早い時期の３歳戦はスローからの瞬発力勝負が多く、そういうレースを速い上がりで好走してきた馬は勝ち方が派手だけに人気になりやすいが、このレースでは差して届かずという結果になりやすい。むしろそういうスローのレースで切れ負けしているようなタイプのほうが長く脚を使えるため、狙い目となる。

また、東京芝1600mと中山芝1600mではコース形態が大きく違うこともあって、中山マイルを参考レースとして重視する傾向にはないが、中山マイルはそのコース形態から道中の流れが緩みづらく一瞬の切れ味よりも持続力が要求される。NHKマイルCの流れと共通点があり、たとえばスロー以外のニュージーランドTを逃げ・先行で馬券圏内に好走してきた馬や、後方から差して好走してきた馬は持続力を兼ね備えており、NHKマイルCで穴をあけるケースがある。これが穴馬の本命候補となるタイプで、なにもニュージーランドTでなくとも構わないが、東京マイル、中山マイルで持続力を活かして好走した実績のある馬はチェックしておきたい。持続力距

離のファルコンS（中京芝1400m）好走馬も適性的に合う。

同様に、道中の流れが厳しく、早めスパートとなる皐月賞からこの
レースに向かってくる馬も要チェックだが、総じて人気になりやす
いため、こちらは人気馬の本命候補。皐月賞で負けているのは構わ
ないが、さすがにふた桁着順だと能力の問題があるため、6着、7
着あたりまでが限界。皐月賞で4コーナー5、6番手の競馬をして
上記着順に走っていれば堅軸扱いでいいだろう。

牝馬路線では桜花賞組も悪くないが、桜花賞は典型的な瞬発力勝負
のレース。その瞬発力のレースを逃げ・先行から凌いで好走してき
た馬は買えるが、後方から差して好走してきた馬は東京の長い直線
を最後まで伸び切ることができないので要注意。

このように東京芝1600mとなると長い直線もあって瞬発力が必要
と考えられがちだが、実は要求されるのは持続力。これを念頭に置
いて予想していきたい。

最近の春の東京芝コースはあからさまな内有利、前が止まらない馬
場となる傾向。内枠で上記の好走条件に該当する先行馬がいたら、
人気薄でも積極的に買っておくべき。

ケイアイノーテック（18年6人気1着）

前走のニュージーランドTもハイペースを強気にポジションをあげていく
競馬で2着好走。結果的に目標にされてしまったが、内容的に最も強い競
馬をしたのは同馬だった。今回は初の東京マイルとなるが、瞬時にエンジ
ンに点火するタイプではなく、徐々にスピードアップしていく馬だけに直
線が長くなるのは大歓迎。（反応が良いタイプではないがゆえに）他馬に挟
まれたりすることも多かったが、広い東京コース、そして真ん中の枠も大
きなプラス材料だ。

スローからの究極の瞬発力勝負！

1400mは澱みのないワンペースの流れになり、いかに速い脚を持続できるかという資質が問われる距離なのだが、東京芝1400m（と、京都芝1400m外）は向正面の距離が長く各馬のポジションが決まりやすいこと（スタートからコーナーまでの距離が短くても序列が決まりやすいが：例中京ダ1800m、ある程度の長さがあると先行争いが激しくなり序盤からハイペースになる：例中山芝1600m）、そして最後の直線が長く瞬発力勝負となる＝道中で余力を残しておきたいこともあって、レース中盤のペースが緩みやすい。

このレースはまさにその典型で、積極的な逃げ馬が不在の場合は、前半3ハロンが36秒台という超スローペースも出現する。となると、当然ラストの瞬発力勝負となり、上がりが速い順にゴールするようなレースとなる。

近走で上がり33秒台前半をコンスタントにマークしている馬が人気馬の本命候補。該当馬は複数いるだろうが、そういう特殊なレースでもあり、前年、あるいは前々年にこのレースを好走している馬がいれば、それを優先。また同じくスローになりやすい京都芝1400m外で速い上がりを使っている馬もチェックしておく。とにかく上がりタイム優先のレースということを覚えておきたい。

一方の穴馬の本命候補は、これを逆手に取る形で、持続力のあるタイプを狙う。

京王杯SCはこのように瞬発力勝負になるのだが、かと言って上がり３ハロンを30秒で走れる馬などいない。つまり、一瞬でトップスピードに乗れなくとも速いラップを刻み続けられる先行馬なら、瞬発力タイプに追いつかれずにゴールできる可能性があるということ。この時期の東京はどの馬でもある程度速い上がりタイムが出せるので（少し乱暴に言うなら新潟芝のようなもの）、こちらのタイプは近走の上がりタイムは気にしなくていい。中山マイル重賞を中団より前で競馬をして好走している馬や、京王杯SC同様に超スローになりやすい東京新聞杯を先行して好走している馬など、1400mではなく1600m重賞の先行好走馬をマークしておくといいだろう。

リナーテ（19年６人気２着）、ロジクライ（19年２人気３着）

東京芝1400mはコース形態から中盤のラップが緩みやすく、それもあってこのレースは超のつくスローペースになることもしばしば。今回も逃げるブロワはハイペースにせよ、人気薄のこの馬についていく馬はいない。離れた２番手に人気馬の本命◎ロジクライ、人気の一角△トゥザクラウンあたりがついていく流れが想定される。この離れた２番手が絶好ポジションでもあり、ここ２戦は不利続きでまともに競馬ができなかった◎ロジクライの巻き返しが期待できるところだ。加えてこのレースで注目なのが、今回のようなスローペースの際の決め手勝負。外差しが利く馬場でもあり穴馬の本命◎リナーテの確実な末脚はかなりの武器となる。実際、今回と同じ東京芝1400mを走った３走前には上がり３ハロン32.4秒という極限の末脚を見せており、同様の流れが想定される今回も勝ち負けまで期待できる。

ヴィクトリアマイル

東京・芝1600m

速い上がり＆東京マイル重賞の実績馬！

NHKマイルC、安田記念と並んで、東京芝1600mで行われるGI。ただ、ほかの2レースと違うのが道中のペース。ヴィクトリアマイルは牝馬限定重賞だけあって、道中の流れは緩み、最後の直線での瞬発力勝負となりやすい。

過去のヴィクトリアマイルを含め、東京芝1600mの重賞を上がり3位以内で好走した経験があり、近走もコンスタントに上がり上位の脚を繰り出し、馬券に絡んでいる馬が人気馬の本命候補。このタイプはたいてい前走で阪神牝馬Sを走っているが、差してメンバー中3位以内の脚を使っていれば負けていても構わない。

なお、阪神牝馬Sで3位以内の上がりを使えていなくても、買えるケースがある。それが本来の差す競馬ができなかった馬。

阪神牝馬Sはかなりのスロー→瞬発力勝負のレースなので、本来なら末脚勝負をしたい馬でも押し出される形で先行させられてしまうケースがままある。その形で負けているぶんには度外視で、過去に東京マイルで速い上がりを使えていれば買い候補。これは穴馬の本命候補選びにも通じるところで、近走、中山など他場で速い上がりをマークしながら差して届かずという競馬をしている東京マイル重賞好走実績馬が狙い目となる。

GⅢ
平安S
京都・ダ1900m

人気馬信用、穴なら東京マイル惜敗組！

ダートの主要な距離1800mより100m延びただけだが、その100mという字面以上にスタミナの要素が必要となる。ダート戦らしい入りの速さと終盤800mのロングスパートがその要因だ。タフなレースだけに勝ち切るのは実力のある人気馬がほとんどで、平安SやアンタレスSで馬券圏内に好走していた馬は素直に信用できる。穴馬の本命候補として狙えるのもせいぜい5、6番人気あたりまで、それ以下の人気薄はあくまでヒモとして取り入れるのが得策だ。アタマから人気薄を狙うのはあまりオススメできない。

穴馬として取り入れやすいのは、近走は負けているものの過去に東京ダ1600mの重賞で勝ち負けしていた馬や、近走は地方交流戦を中心に走って力関係がわかりづらい馬。直近のフェブラリーSで5〜8着くらいのいい感じに負けていた馬も人気を落としていることが多く狙い目となる。

東京ダートマイル重賞を好走、善戦していながら1900mのここに出走してくるタイプは、マイルでは距離が足りなかった馬。その合わないレースでも好走、善戦していた馬が距離を伸ばして巻き返してくるパターンを狙う。上位人気馬2頭＋穴馬1頭という馬券スタイルで狙ってみても面白い。

人気馬が強いが穴ならこのタイプ！

牝馬クラシック第1弾・桜花賞から距離を一気に800m延ばして行われるオークスだが、距離が延びるとはいえ、どの馬も未経験の距離。道中を通じてスローで折り合いに専念。最後の直線で瞬発力を爆発させるというレースになるため、スタミナの要素は不問でいい。つまりは桜花賞と同じ瞬発力に秀でている馬に向くレースで、当然ながら桜花賞上位組が強いレースだ。

実際、15〜19年の5頭の勝ち馬のうち、桜花賞で3着以内に好走していた馬が3頭、桜花賞で1番人気に支持されていた馬が1頭で、別路線組は1頭のみ。それだけ桜花賞組に有利なレースとなっている。また、桜花賞上位組が強いとなれば、これまでの実績が通用する＝人気に推されている馬が強いということでもあり、近5年で1番人気馬が4勝。穴党はヒモ荒れを狙って抵抗するしかない。

というわけで、人気馬の本命候補は桜花賞馬券圏内組。このパターンでオークスも1番に支持されているならまず堅軸だ。

桜花賞の馬券圏外から巻き返してくるパターンもあるが、巻き返せるのは桜花賞で人気に推されていた馬。もともと能力を買われて人気になっていたが、不利、体調不良などで桜花賞では負けてしまった馬という解釈でOKだ。つまり桜花賞大敗→オークス人気薄で激

走というパターンは考えなくていい。

3連単の配当でも4ケタが普通にあり得る堅いレースというのを頭に入れて馬券を買っておきたい。

それでもどうしても人気薄を狙いたいというなら、穴馬の本命候補は別路線組となる。

3歳春までの牝馬路線は1600m前後の距離が主流となるが、そのマイル戦でも先行して善戦しているタイプが狙い目となる。メカニズムは同じ瞬発力勝負の京王杯SCと同じで、主流が瞬発力なら、その逆の持続力タイプを穴で狙うという構図。これは牝馬限定重賞全般に通用するので、覚えておきたい。

その好例が19年オークスで12番人気2着に好走したカレンブーケドール。同馬はクイーンCで4着→スイートピースS1着とマイル前後のレースを先行して好走していた馬で、1ハロン距離の延びたスイートピースSで先行からポジションを上げて勝利。1ハロンながら距離が延びて競馬ぶりがよくなったタイプだ。このような持続力があり、距離が延びていいと判断できるタイプならオークスでも狙える馬ではある。

△カレンブーケドール（19年12番人気2着）

最大の惑星は△カレンブーケドール。同馬はクイーンCで勝ち馬から0.2差の4着。自身も33秒6で上がっているのだが、それでも完全に切れ負けという内容だった。ただ、2400mに距離が延びれば話は別。1800mに距離を延ばした前走も相手が弱かったとはいえ、早め抜け出しから2着馬が迫ってくるとまた伸びるという着差以上の楽勝ぶりで、かなりパフォーマンスを上げてきた。距離延長の恩恵が大きいタイプだ。今回も道中で急がせる必要のない距離で、先行策から速い脚を使って抜け出す競馬で激走が期待できる。

葵 S

京都・芝1200m

中山・中京惜敗の巻き返しを狙う！

2018年に新設された３歳限定重賞。葵Ｓが行われる京都芝1200m
はスタート直後に上り坂がある関係で、1200m戦にしては前半が
スローで流れやすい。スタート直後から下る中山芝1200mとは真
逆とも言えるレイアウトだ。

前半がスローということは、当然逃げ・先行馬がラクをさせてもら
えるわけで、OP特別時代も含め15～19年の近５年のうち３年で
逃げ馬が馬券絡み。残りの２年も逃げ馬がふた桁人気と明らかに能
力が足りない馬だった15年（４コーナー２番手、３番手が２、３
着）と、例年よりペースが速かった19年（それでも逃げ馬は５着に
善戦）のみ。

穴馬の本命候補としては、恵まれやすい逃げ・先行馬から選ぶのが
得策で、先ほど真逆と書いた中山芝1200mや、中京の短距離戦で
逃げ・先行で４～６着程度に惜敗していた馬の巻き返しがもっとも
狙いやすい。

一方の人気馬の本命候補も先行馬のなかから選ぶのが定石だが、単
勝二頭流としては保険の意味も兼ね備えているだけに、逃げ馬多数
なら差し馬を選ぶなど、できるだけ柔軟に考えたい。

おわりに

　本編を通して各重賞のキモはおわかりいただけただろうか。

　たとえ同じコースで行われる重賞でも、３歳戦と古馬戦では違う適性が求められるし、牝馬限定戦もまた然り。

　それぞれの重賞の機微さえ理解できれば、どんな重賞であろうとも、そしてどんなメンバーになろうとも、なにもおそれることはない。

　ぜひとも日々の予想道を邁進していただければと思う。

2020年5月吉日

石橋 武

石橋武による
「単勝二頭流」の勝負レース

石橋武による勝負レースの予想を、情報サイト「スポーツマスター」で提供しております。

毎週末、1日4～5レース分の勝負レースを選択、予想印と推奨買い目・見解を公開。単勝はもちろん、3連単、3連複に対応した買い目で、2019年だけでも日本ダービーの完璧すぎる的中などなど、GⅠからツウなレースまで、コンスタントに超高配当を的中！

多くのファンが待ち望んでいた情報満載で配信しております。

「単勝二頭流」勝負レースの予想を見る方法

1、スポーツマスター　https://www.sportsmaster.jp にアクセスする。

2、スポーツマスターで、無料会員登録する。

3、マイページから「石橋式」→勝負レース予想（二頭流指南）」を
　　選んでください（有料）。

　　※「スポーツマスター」で検索してもアクセス可能です！

 「単勝二頭流」勝負レースの予想サイト
https://www.sportsmaster.jp

著者プロフィール

石橋 武 <small>（いしばしたけし）</small>

1964年、東京生まれ。

一時期、競馬から離れていたこともあったが、3連単の発売を機に復帰。現在は自身が最も儲かるという競馬を主戦場にさまざまなメディアで活躍を見せている。

独自の理論「単勝二頭流」の構築、2012年には書籍デビュー作となる『単勝二頭流』を発売、非常に大きな話題となった。

さらに2012年12月からは有名スポーツ情報サイト「スポーツマスター」で研ぎ澄まされた予想を公開。「単勝二頭流」を基にした数々の高配当的中で、予想家たちの度肝を抜き、ファンからは絶大なる信頼を得ている。

石橋武「単勝二頭流」のブログ

週末に行われる重賞の注目穴馬についての
対談を公開しております。

毎週金曜日の夕方に週末に行われる重賞の注目穴馬を対談形式で公開しております。

毎週このように取り上げた穴馬が馬券に絡む活躍を見せておりますので、ぜひご注目ください。

すべて無料でご覧いただけます。

 石橋武「単勝二頭流」のブログ
http://keibat.blog.fc2.com/

競馬道OnLine選書　008

「重賞」二頭流

2020年6月20日　第1刷発行

●著者　　　　石橋　武
●編集　　　　競馬道OnLine編集部（株式会社オーイズミ・アミュージオ）
　　　　　　　http://www.keibado.ne.jp
●本書の内容に関する問合せ
　　　　　　　support@keibado.zendesk.com
●装丁　　　　本橋卓弥（フリークデザイン）
●DTP　　　　石井理恵
●発行者　　　福島　智
●発行元　　　株式会社オーイズミ・アミュージオ
　　　　　　　〒110-0015　東京都台東区東上野1-8-6　妙高酒造ビル5F
●発売元　　　株式会社主婦の友社
　　　　　　　〒101-8911　東京都文京区関口1-44-10
　　　　　　　電話：03-5280-7551
●印刷・製本所　株式会社Sun Fuerza